मिहिरा

महेंद्रकुमार

१

मिहिर

समर्पण

परमपूज्य दादासा

डॉक्टर श्री मोतीलालजी भंडारी

एवं

परमपूज्य नानासा

श्री पारसमलजी गांधी

की पावन स्मृति में।

आभार

मैं, महेंद्रकुमार, फिर से आप सभी के लिए एक और पुस्तक ले आया हूँ| | सारी की सारी कविताएँ, सभी पंक्तियाँ मेरी ही द्वारा अंग्रेजी में लिखी गयी पुस्तक "रूमि- दी रिंग, दी हॉली फायर, एंड दी सेक्रेड वॉउस" का हिंदी में कविताओं, पंक्तियों में रूपांतरण है। इस किताब को लिखने का, मुख्य रूप से कारण है मेरा परिवार, जिनको "रूमि" का पूरा सफर हिंदी में पढ़ना था, ना कि अंग्रेजी में।

मेरा ये एक छोटा-सा प्रयास है कि हिंदी भाषा में ऐसी पंक्तियाँ, ऐसी कविताएँ जो कि लगभग लुप्त होने की कगार पर हैं ये सब जीवित रहें, मेरी हिंदी जीवित रहे, इसलिए मैं लिखता रहता हूँ ताकि कुछ चुनिंदा पढ़नेवाले लोग पढ़ते रहें| शब्द मेरे हैं, तुक मेरा हैं, रचनाएँ मेरी हैं परन्तु इन सबके पीछे एक प्रेरणा हैं, एक ताकत हैं, एक हमेशा उत्साह बढ़ाने वाली अदृश्य शक्ति हैं|

मैं आभार मानता हूँ सभी का, सभी चाहने वालों का, नफरत करनेवाले का, पढ़ने वालों का, और पढ़कर नुस्ख निकालने वालो का| इतना कहकर समाप्त करना चाहता

हूँ, बाकी बातें, बाकी विषय कविताओं में, मेरी पंक्तियों में हैं| आशा हैं कि आप सभी को पसंद आएँगी मेरी रचनाएँ, और 'रूमी' का सफर मिहिरा के नाम के साथ।

प्रस्तावना

मिहिरा- मेरे ही द्वारा अंग्रेजी में लिखी गयी पुस्तक "रूमि- दी रिंग, दी हॉली फायर, एंड दी सेक्रेड वॉउस" का हिंदी में कविताओं, पंक्तियों में रूपांतरण है। रूमि असल में दो शब्दों का एकरूप है, ('रूद्र' का 'रु' एवं 'मिहिरा' का 'मि'), 'रूद्र' मेरी अंग्रेजी किताब का मुख्य किरदार है, और 'मिहिरा' उसकी जीवनसाथी, कहानी बहुत सादी है, और मेरा अंदाज़ा है कि हर घर की कहानी है, जहाँ अभी भी माता-पिता की मर्ज़ी से, घर वालों की मर्ज़ी से शादी-ब्याह होते है।

दो पढ़े-लिखे युवा, घर वालों की मर्ज़ी से विवाह के लिए तैयार होते है, शुरुआत में दोनों की झिझक, फिर धीरे-धीरे फ़ोन पर घंटो बातें, एक-दूसरे को समझने की कोशिश, थोड़ा-सा झगड़ा, रूठना-मनाना, सगाई, हल्दी, शादी-ब्याह, समारोह, ब्यापार, अलग होना, ससुराल, पीहर और उन दोनों का एक-दूसरे के लिए पागलों जैसा प्यार। "रूमि- दी रिंग, दी हॉली फायर, एंड दी सेक्रेड वॉउस" किताब अंग्रेजी में है और गद्य है, और ये किताब "मिहिरा", हिंदी में है, और पद्य है।

जब मैं "रूमि- दी रिंग, दी हॉली फायर, एंड दी सेक्रेड वॉउस" लिख रहा था, तभी मेरे परिजनों का कहना था कि ये किताब तो हिंदी में नहीं है, हम लोग कैसे पढ़ेंगे और कैसे समझ पाएँगे। उनका ये सवाल सही था, तभी मैंने निश्चित किया कि जैसे ही अंग्रेजी वाली किताब का कार्य समाप्त होंगा, ठीक उसी दिन से हिंदी में "मिहिरा" का कार्य आरंभ कर दूँगा। लगभग २ महीनों के परिश्रम के बाद मैं ५0 रचनाएँ कर पाया जो कि अंग्रेजी किताब का सार साबित हुई। मेरे कार्य से मैं खुश हूँ बाकी तो मेरे परिजन और ये किताब पढ़नेवाले ही बता सकते है कि उनको कैसी लगी। आशा है, मैं सभी की अपेक्षाओं पर खरा उतरा होंगा।

आमुख

इस पुस्तक की सारी कविताएँ, पंक्तियाँ मेरे द्वारा सोची गई और उकेरी गई हैं| इन कविताओं का, पंक्तियों का ना ही किसी धर्म से, ना ही किसी जाती से, ना ही किसी नस्ल से, ना ही किसी वर्ण से, ना ही किसी लिंग से, ना ही किसी राजनितिक सोच के चलते, ना ही किसी वस्तु-विशेष से, ना ही किसी राज्य-विशेष से, और ना ही किसी व्यक्ति-विशेष से कोई भी संबंध हैं| ये कविताएँ, ये पंक्तियाँ केवल और केवल मेरी खुद की कल्पनाएँ और भावनाएँ हैं| अगर किसी भी प्रकार से, कोई भी कविताएँ, या पंक्तियाँ, किसी वजह से किसी प्रसंग या किसी के जीवन से थोड़ी-बहुत या पूरी तरह से भी मिलती हैं तो ये ईश्वर का चमत्कार हैं और मैं ज़रूर उस व्यक्ति से मिलना चाहूँगा, जिस व्यक्ति से मेरी कोई भी कविता, या पंक्तियाँ मिलती-जुलती हैं| अगर मिलना नहीं हुआ और वो इंसान मेरी ओर से क्षमा की अपेक्षा रखता हैं तो मैं भी मान मुड़ा कर, शीश झुकाकर और मन-वचन, काया से क्षमा माँगता हूँ| क्षमस्व, अगर कोई शब्द, कोई भी तुक, कोई भी पंक्ति किसी और कवि,

लेखक, शायर या किसी और रचना से मिलती हो तो, परंतु मैं केवल ये कह सकता हूँ कि वो एक अजीब-सा संयोग ही होंगा, अगर ऐसा हुआ है तो बहुत बहुत क्षमा।

पापा

सूरज से पहले उगता,

सबसे आगे और

बेधड़क चलता,

कभी डूबता,

कभी उभरता,

कभी जूझता तो

कभी टूटता,

मेरी ख़ुशी में, छोटी-छोटी ख़ुशी में

खूब नाचता,

एक खिलौना दिलाने के लिए, कुछ पैसे बचाने के

लिए, पूरा

बाजार भटकता,

पता नहीं, शब्द क्या है पिता के प्यार के लिए, माँ

के लिए तो है उसकी ममता?

साईकिल सिखाते वक़्त
मैं गिर जाऊंगा ये
ख्याल से वो भी
उतना ही डरता,
मेरे गिरने पर वो
नकली-नकली
हँसता,
खुद के अंदर हो रहे
दर्द को छिपाने के
लिए वो
स्वांग रचता,
उठ, फिर से चढ़
साईकिल पर, ये
बोलकर
मुझ में उत्साह भरता,
पता नहीं, शब्द क्या
है पिता की सीख के
लिए, माँ के लिए तो
है उसकी क्षमता?

मुझे औरों से जीताने के लिए खुद तेजी से
दौड़ता,
घर के चिराग के लिए खुद हर पल
झुलसता औ जलता,
कभी घटता,
कभी घुटता,
कभी जगता, तो कभी
इधर-उधर भगता,
स्वयं मरता,
पर घर में सबको खुश
रखता,
पता नहीं, शब्द क्या है पिता की नरमाई के लिए,
माँ के लिए तो है उसकी नमता?

कुछ लेता नहीं वो
नया, जबकि आराम
से वो
ले सकता,
हर पल सोचता कि
देखो, पैसा

कैसे बचता,
सादगी से रहता,
सबकुछ सहता, पर
कभी कुछ ना कहता,
ना कभी कुछ जताता,
ना ही कभी रोता,
ना ढहता, और
ना ही बहता,
पता नहीं, शब्द क्या
है पिता के त्याग के
लिए, माँ के लिए तो
है उसकी बेजोड़
अनुपमता?

माँ

माँ,

तू ही मेरी पूजा,

तू ही मेरी आरती,

मेरी हर मुश्किल घड़ी में मेरी आत्मा

तुझे ही पुकारती,

मेरी गलतियों को नज़रअंदाज किए बिना तू

उसे सुधारती,

मेरे कमज़ोर पड़ने पर, मेरे हार जाने पर तू

मुझे ललकारती।

मुझे आगे बढ़ाने के
लिए, मुझे जिताने के
लिए तू ही ख़ुशी से
हारती,
चुकने पर मेरे, सबक
सिखाने के लिए प्यार
से तू

दहाड़ती,
फिर से चुकू अगर,
दोहराऊ गलती तो तू
ही मुझे जोर से
फटकारती,
माँ,
तेरा गुस्सा और तेरा
प्यार, तेरी डाँट और
तेरी फटकार से ही तो
तू मुझे सँवारती।

भूख लगने पर जो मुझे भाता है, वो तू बनाती और
तू ही मुझे खिलाती,
सर्दी-खांसी-बुखार होने पर, जो मुझे बिल्कुल पसंद
नहीं वो हल्दी का दूध
तू मुझे पिलाती,
कभी कभार मुझे नींद ना आने पर तू ही मुझे
सुलाती,
जो वस्तु मैं माँगू, जैसे भी मैं माँगू तू मुझे वो
दिलाती,

मेरे डूबने पर तेरी
कही हुई बातें मुझे
उबारती,
बीच भंवर में फंस
जाने पर तू ही मुझे
निकालती,
तबियत ठीक ना होने
पर, मेरे अस्वस्थ होने
पर तू ही मुझे
पुचकारती,
मैं जैसा भी हूँ,
जो भी हूँ, और
तू मुझे जैसा का वैसा
स्वीकारती,
माँ,
तू ही मेरी पूजा,
तू ही मेरी आरती।

कभी रेशा तो कभी रोया

नहीं मिली राधा कृष्ण को,
तो क्या वो रोया?
तू क्यों रोता है पगले,
तूने अभी तक कुछ नहीं है खोया।

भाग्य लिखनेवाले के
भाग्य में नहीं है
आराम,
हर पल उसने दूसरों
के पापों को धोया,
मत दे किसी और को
कोई भी दोष,
ये जो तूने पाया है
शायद तो भूल गया
कि वही तूने था
बोया।

धन, बुद्धि, ताकत सबकुछ था दशानन के पास,
पर महलों में वो रोया,
चैन की नींद नहीं सोया,
सबकुछ किसी को नहीं मिलता प्यारे,
कभी रह जाता है रेशा तो कभी रोया।

कुछ ऐसे ही ईश्वर ने
लिखा है, सोचा है
हमारा जीवन,
कभी निचोड़ा तो कभी
भिगोया,
प्रेम में कभी धोखा तो
कभी इतिहास में
नाम,
कभी तोड़ा तो कभी
पिरोया।

कभी हां, तो कभी ना,
कभी प्यार तो कभी तकरार,
बस यही है जीवन,
और है यही है ज़ोया, कभी रेशा तो कभी रोया।

ये मन नहीं लगता

कुछ करो, कुछ भी करो,

मेरा ये मन नहीं लगता,

उसकी यादों में हर पर गुजरता, ये दिल धड़कता,

फिर भी मेरा ये मन नहीं लगता,

कुछ करो, कुछ भी करो,

मेरा ये मन नहीं लगता,

नाराज़ रहकर मुस्कुराना है नहीं आसान,

एक फूल से कभी चमन नहीं बनता।

ज़ख्म है जो दिखते नहीं, पर हमने

छोड़ रखे है खुले,

इतना मरहम लगाकर भी सुकून नहीं

मिलता,

कुछ करो, कुछ भी करो,

मेरा ये मन नहीं लगता,

अब तक मैं चुप रहा, मैं गुमसुम

रहा, सबकुछ अकेले सहा,

कभी किसी से कुछ नहीं कहा, असल
में कोई किसी का दर्द नहीं सुनता,
सुबह का उजाला, और शाम की
ठंडक,
महसूस तो करनी है तेरे साथ पर
पता नहीं क्यों तो अब दिल नहीं
मचलता।

कुछ करो, कुछ भी करो,
मेरा ये मन नहीं लगता,
जब देखी तेरी मांग भरी हुई,
और गले में तेरे सुहाग की निशानी,
सुलगा तो बहुत मैं,
पर तेरी ख़ुशी से मैं नहीं जलता।
आपका हाथ चाहिए था, आपका साथ चाहिए था,
खैर ठीक है, यादों के सहारे जी लेंगे,
वैसे भी प्यार में स्वार्थ नहीं चलता।

कुछ करो, कुछ भी करो,
मेरा ये मन नहीं लगता,

आखिरी बार दिखे नहीं थे आप, ना
आपने देखा था मुझे,
आपकी बेरुखी देखों कि अब मैं
आपकी इक झलक के लिए नहीं
तड़पता,
आखिरी तस्वीर आपकी जो हमारे
पास है,
ना आप आए लौटकर तो बाग़ में
और,
उस तस्वीर की वजह से मैं बाहर
नहीं निकलता।
कुछ करो, कुछ भी करो,
मेरा ये मन नहीं लगता।

अंजलि

जब गई वो मेरी ज़िन्दगी से तो जाने दिया उसे,

जब गई वो मेरी ज़िन्दगी से

तो जाने दिया उसे,

पूछा ना सवाल एक भी, ना पीछा किया,

मनमानी करने दिया उसे,

ना जाने क्या दोष था मेरा, ना जाने क्या गलती की

थी मैंने,

रेत पर लिखा एक-दूसरे का नाम,

मिटाने दिया उसे।

खूब याद आए वो लम्हें साथ
के, सारे के सारे पल
भुलाने दिया उसे,
हाथों में हाथ डालकर घुमा
करते थे, हाथ
छोड़ने दिया उसे,

ना जाने किसने क्या किया,
ना जाने क्या हुआ,
मेरे लबों की नमी को, आँखों
के ज़रिये
बहाने दिया उसे।

मेरा जीना मुश्किल था, सांस लेना दूभर था, फिर
भी
जीने दिया उसे,
ये जवानी की आग, औ प्यार की ज्योत को
बुझाने दिया उसे,
कुछ तो कमी होंगी मुझमें ही, कुछ तो कमी होंगी
मेरे प्यार में,
कि वो बदल गई, और मैंने
बदलने दिया उसे।

बरसात में बहाई हुई कागज़
की नाव, बिना बारिश के
गलने दिया उसे,

आग लगी थी दिल में बहुत,
बुझा भी सकता था, पर फिर
भी
जलने दिया उसे,
ना कोई खबर,
ना कोई पता,
ना कोई खत, और
ना ही कोई इशारा,
उसने मुँह मोड़ा और मेरा
रास्ता छोड़ा, तो उस राह पर
चलने दिया उसे।

थाम कर रखा था सैलाब आँसुओं कई दिनों थक,
आज बिना रुकावट
बहने दिया उसे,
भूली-बिसरी ही सही,
दिल के किसी कोने में ही सही, दफनाकर
रहने दिया उसे,
सोचा था कि खुद को मार दूँ,
अंत कर दूँ स्वयं का, पर,

आई थी वो मेरी ज़िंदगी में
अपनी मर्ज़ी से, इसलिए
निकलने भी दिया उसे।

आस

है एक आस, एक इच्छा,

और एक उम्मीद भरा सपना,

लोगों से दूर, शहर से दूर,

हो एक छोटा-सा घर अपना,

हो आँगन में तुलसी और ढेर सारे गुलाबों का

महकना,

सूरज की पहली किरण और चाँद की चाँदनी से घर

का चमकना,

सांझ में मेरी राह ताकते,

आपका सजना औ सँवरना।

है एक आस, एक इच्छा,

और एक उम्मीद भरा सपना,

कभी देरी से घर लौटने पर मेरे,

वो आपका रूठना और मेरा मनाना,

सुकून देंगा कि गुस्से में भी रोटियाँ

बेलते वक़्त आपकी चूड़ियों का

खनकना,

वो आपके आँचल का सरकना, और

कमर के बल दिख जाना,

पता चलने पर आपका मंद-मंद

मुस्कुराना,

मेरे पकडे जाने पर आपका

पल भर के लिए रुकना,

आँखों को और बड़ा करना और

हमें धमकाना।

है एक आस, एक इच्छा,

और एक उम्मीद भरा सपना,

कि हमारा आपको चूमना,

और आपका सिहरना,

हमारे प्यार के आगे पलभर में आपका टूटकर

बिखरना,

दो दिलों का ज़ोरो से धड़कना, और

आपका निखार और निखरना,

वो हमारा थकना, आपको थकाना,

फिर एक दूसरे के आगोश में खो जाना,

है एक आस, एक इच्छा, और एक उम्मीद भरा

सपना,

है एक आस, एक इच्छा, और एक उम्मीद भरा

सपना।

कोई तो चाहिए

कोई तो चाहिए जो बैठे मेरी राह देखते, गर मैं
वक़्त पर

घर ना आऊँ,

जब आऊँ तो देखकर मुँह फिराए, पर

फिर खुश हो जाए मेरे आने पर,

झट से गले लग जाए, और

मैं भी उससे उतना ही

प्यार जताऊँ,

अबोली आसमान के तले या

शीतल चाँद के रौशनी में,

हाथों में हाथ डालकर चलूँ और

खूब इतराऊँ,

आने-जानेवाले,

चोरी-छिपे हमको देखनेवाले

सभी को

भरपूर जलाऊँ।

अगर कभी वो ज़्यादा
रूठ जाए,
गुस्सा हो जाए तो मैं
उसे मनाऊँ,
मिन्नतें करने पर भी
ना माने तो
मेरी हरकतों से,
मेरे चुटकुलों से
उसे हँसाऊँ,
मामला अधिक गंभीर
हो तो
उसके सिर को मेरे
कंधों
पर टिकाऊँ,
उसकी आँखें पोंछू,
उसकी सारी बातें सुनूँ
और
उसके सिर से
हाथ फिराऊँ।

कोई तो चाहिए जो सजे मेरे लिए,
श्रृंगार करे मेरे लिए घंटो तक और
मैं उसकी एक झलक देखने के लिए
तरस जाऊँ,
जब दीदार हो उसका,
जब आए बाहर वो सज-धजकर,
मैं अपने दाँतों तले
ऊँगली दबाऊँ,
कहूँ उसे उसके कानों में,
धीमे से,
चलिए अंदर फिर से,
थोड़ी-सी कमी रह गयी है सो
अब कि मेरी बारी, अब मैं
आपको सजाऊँ,
आँखों ही आँखों में हँसे तब वो,
होंठों में हल्की-सी मुस्कान और
कहे,
क्या ये बात मैं
माँ को बताऊँ?

काम से लौटने के
पहले पूछूँ उससे,
आ रहा हूँ घर,
बाहर से क्या कुछ
ले आऊँ?
गर ना कहे वो कुछ
भी लाने को
तो भी
मैं कुछ ना कुछ
हमेशा घर
ले जाऊँ,
कभी सुनाए वो गाली,
तो कभी खुश हो जाए
देखकर
गुलदस्ता या कुछ
तो खाऊ,
कुछ ऐसा ही चाहिए,
कोई तो चाहिए
जिसके साथ सांझ
बिताऊँ,

सिर पर चाँद आये कि
वो मेरी और
मैं उसकी बाँहों में
समाऊँ।

प्रेम

चाहता अगर मैं,

तो आजीवन ब्याह नहीं करता, पर

ज़िन्दगी तो आगे बढ़ने का नाम है,

जिसे उसका प्यार ना मिला,

फिर भी वो रुका रहा,

उस शख़्सियत को

मेरा सलाम है,

प्यार अगर खिल जाएँ,

प्यार अगर मिल जाएँ, तो

जीवन में सारे सुकून और

सारे आराम है,

वरना प्यार करनेवालों के लिए

ये सारा जीवन जैसे

एक अनंत संग्राम है।

प्रेम एक एहसास है,
भरोसा है,

विश्वास है, और
एक-दूसरे का सम्मान
है,
प्यार तो प्यार है,
पवित्र है,
एहसान है, कोई संदेह
नहीं कि
प्यार का प्रतीक तो
देवी राधा और
श्री घनश्याम है,
गहरे
दूर
समुद्र में
पत्थरों का पूल बना
दिया गया अपनी
सजनी को लाने के
लिए,
क्या कम हमारे
भगवन सीता-राम है,

ऐसा प्रेम करनेवालों के
लिए तो
एक-दूसरे का हृदय ही
कायम का मुकाम है।

प्रेम के नाम पर खेल,
दिखावा,
धोखा और
छलना आजकल तो
आम हैं,
ऐसे लोगो की वजह से ही तो
ये प्रेम,
ये सुंदर रिश्ता,
ये अटूट बंधन
बेहद बदनाम है,
मेरी राय में तो ईश्वर भी ना बचाएँ
उनको तबाह होने से,
क्योंकि ये सारे के सारे
वासना के भूखे और
हवस के गुलाम है,

एक-दूसरे के लिए ही नहीं,
ये तो खुद से,
खुद की आँखों में भी
बेईमान हैं।

हैरान-परेशान

तेरे इस हॅसते-खेलते चेहरे के पीछे छिपे

कई राज़ है,

जिस कल का तु कल सोच रहा था वो

तेरा आज है,

माना कि तूफानों में,

बवंडरों में फँसा- बचता

जीवन रूपी तेरा

जहाज़ है,

पर लग जा किनारे अब,

दूर से ही सही,

तुझे राह दिखाती तो सच्ची

आवाज़ है।

वक़्त रहते

संभलनेवाला,

समय के साथ
चलनेवाला ही इंसान
ज़िंदा है,
आबाद है,
पीछे पलटकर
देखनेवाला,
बीते हुए कल में
जीनेवाला इंसान
मुर्दा है,
ख़ाक है,
खुद को मौका दे
दूसरा,
ज़िंदगी को जी फिर
से वरना तेरा ये
जीवन बर्बाद है,
सुन उसके दिल की
पुकार,
स्वागत कर उसका
खुद की ज़िंदगी में,

ये मेरी तुझसे
दरख़्वास्त है।

दुनिया की मत सुन,

जग को अनदेखा कर,

अनसुना कर,

दोनों तरफ से बोलना उनका

काम-काज है,

अपने दिल की कर,

अपने मन की कर,

बाकी ये सब के सब बहुत ही बड़े

जालसाज़ है,

जानता हूँ मैं कि हैरान है तू,

परेशान है,

काँप रहा है तू,

रख भरोसा खुद पर, और

उनपर,

ये डर,

ये चिंता और

तेरा थरथराना, तेरे

उज्जवल भविष्य का
आगाज़ है।

कब से ना तुझ ही को
किसी हमसफ़र की
बेसब्री से
तलाश है,
आ गया है वो तेरी
दहलीज़ पर,
जैसे आते गुलाबी ठंड
में फूल पलाश है,
उसने कर लिया है
स्वीकार तुझे,
अब तेरे सवाल में ही
तेरा जवाब है,
कर दे हाँ,
सोच मत इतना,
माँ-पापा के साथ-साथ,
साथ निभाता
तेरे पीछे तेरा पूरा
समाज है।

साढ़े सात

वो हमारी पहली मुलाकात,

घड़ी में बजे थे सबेरे के साढ़े सात,

नज़रों में हया, नाक पर गुस्सा,

और गज़ब थी आपकी हर बात,

हिम्मत ही नहीं हुई आपसे पूछने की कि कैसे हो आप?

पलट कर चल दिए आप, देकर मसाला- चाय हमारे हाथ।

पर कहते है कि शिद्दत से चाहो तो मदद करती है पूरी कायनात,

लगे रहे है हम, जुटे रहे है हम,

और संभाले हमने सारे हालात,

क्या हुआ जो वो समय हमारा नहीं था,

पर हमने भी कहा मानी है अपनी मात,

धीर धरेंगे, निश्चिंत रहेंगे, जब समय मिलेंगा,

तब बयां करेंगे खुद के जज़्बात।

लगे है, लगे रहेंगे, भरोसा है,

आँख बंद करने से कभी ना मानेंगे कि हो गया है सूर्यास्त,

ये अंधकार छटेंगा, ये धुआँ हटेंगा,

जब हम मिलेंगे तो होंगी छमा-छम बरसात,

नवजीवन होगा, आज़ादी होंगी,

कभी तो होंगी हम दोनों की एक नयी शुरुआत,

पेड़ होंगे, पौधे होंगे, कलरव करते पंछी होंगे,

और होंगी वो सबसे हसीं औ सुहावनी रात।

केसर

था वो एक उजला-सा सबेरा,

जब बैठे थे हम सीढ़ियों पर डाल के अपना डेरा,

सूरज की हल्की-हल्की रौशनी से बस छट ही रहा

था वो काला अँधेरा,

उतने में एक और

उजाला आया,

जैसे आ रहा है आसमां पर चाँद ज़रा-ज़रा,

इधर देखने लगे, उधर देखने लगे,

पर आ- जाकर ध्यान उनपर ही

जा ठहरा,

क्या पता वो देख रहे थे या नहीं,

पर उनकी नज़रों का घाव था बड़ा गहरा।

साहिबा के खुले, काले, लम्बे केश,

और लबों पर चुप्पी का पहरा,

ना कोई ज़्यादा का साजों-श्रृंगार,

था सब कुछ सादा और खरा-खरा,

कुछ कमी थी वो कातिल में तो
केवल वो प्यारा सा फूलों का एक
गजरा,
गज़ब ढा गया हमपर उनकी गहरी
काली आँखों का कजरा।

था मैं बहुत- बहुत सहमा- डरा,
उनकी लहरिया साड़ी का रंग था लाल-हरा
पल भर के लिए नज़रें टकराई,
और इक मीठी सी मुस्कान मिली,
सिरहन से दौड़ गई पुरे शरीर में,
हाय, हाय, हाय रे वो केसर सा नाज़ुक चेहरा,
वो केसर सा नाज़ुक चेहरा, वो केसर सा नाज़ुक
चेहरा।

काजल

ना जाने क्या कुसूर उस काजल का,

जिसे सारे लोग कहते है

काला,

बसना तो हम चाहते थे आपकी आँखों में, पर

काजल है शायद ज़्यादा

किस्मतवाला,

कोई बात नहीं,

सजने दीजिए उस काजल को आपकी आँखों में,

रहने दीजिए उस काजल को आपकी आँखों में,

सुना है दूर रखता है वो दुर्भाग्य को, और

जो भी देखें आपको, गलत निगाहों से बुरी

नज़रवाला।

कोशिश करता हूँ कि मैं जलूं

ना उस काजल से, पर

वो खुद ही है कोयले से भी

काला,

आपको आँखों में लगने से
पहले,
खुद कितना जला, वो काजल,
वो आग से
खेलनेवाला,
अभी भी,
कभी-कभी,
बसा है वो दहकती चिंगारी में
जब आँखें आपको बड़ी हो,
वो नज़र और नज़ारा
धमकानेवाला,
पर मैं ही क्या,
उस काले काजल का तो
दीवाना है हमारा और
सबका वो ईश्वर, वो
मुरलीवाला।

चैन पाने के लिए आँखों में रहता है वो काजल
काला,
आपकी आँखों की नमी उसके लिए जैसे हो एक

मधुशाला,

आपकी आँखों का काजल ना बिखरे,

ना बहे,

थामूंगा मैं वो हर आँसू आपकी आँखों से

निकलनेवाला,

सँभालकर मैं रखूँगा,

सजाकर तू रखना,

खुद की आँखों में वो काजल काला,

मुश्किल से मिलता है कोई

खुद पिघलकर कुछ ना

कहनेवाला,

कुछ ना कहनेवाला,

सब कुछ सहनेवाला, और

आपके आँसुओं के साथ खुद भी

बहनेवाला।

ना जाने क्या कुसूर उस
काजल का,
जिसे सारे लोग कहते है
काला,

बसना तो हम चाहते थे
आपकी आँखों में, पर
काजल है शायद ज़्यादा
किस्मतवाला,
कोई बात नहीं,
सजने दीजिए उस काजल को
आपकी आँखों में,
रहने दीजिए उस काजल को
आपकी आँखों में,
सुना है दूर रखता है वो
दुर्भाग्य को, और
जो भी देखें आपको, गलत
निगाहों से बुरी
नज़रवाला।

रूद्र

माँ ने चलना सिखाया,

पापा ने गिरकर उठना सिखाया,

दादी ने भरपूर लाड-प्यार लुटाया,

दादा ने चुपके से मीठा खिलाया,

यारों-दोस्तों के साथ मिलकर खूब हुड़दंग मचाया,

शिक्षकों ने कभी बेंत मारी तो कभी

कक्षा के सामने मुर्गा बनाया।

पाठशाला छूटी, बचपन के यार छूटे,

जीवन ने एक नया मोड़ दिखाया,

उसकी मासूमियत ने हमको उसका

दीवाना किया,

प्यार का एक एहसास करवाया,

मज़े से बीत रहे थे वो अल्हड़पन के

दिन,

सही समय देखकर उसने मुझे प्यार

जताया,

चला ये प्यार अपने रास्ते काफी
दिनों तक, कि
उसी प्यार ने मेरा
सिर चकराया।

हुआ मैं घायल, दिल टूटा मेरा,

क्या ऐसा हुआ,

क्यों ऐसा हुआ कि

मैं खुद, खुद से घबराया,

जान लेने की कोशिश की, खूब को मरने की जुर्रत,

मुझपर छाया एक काला साया,

बैठता था गुमसुम सा एक कमरे में,

ना ही थी कोई इच्छा,

ना ही कोई मोह औ माया,

दादा से देखा ना गया पोते के या हाल,

खरी-खोटी सुनाई और

बदली उन्होंने मेरी काया।

वक़्त लगा, वक़्त गया, धीरे-धीरे सब
कुछ ठीक हुआ और

मुझे भी ये नवजीवन भाया,

माँ ने तलाशा, पापा ने बात आगे
लाई, और

दोनों ने मिलकर मेरे जीवन में
मिहिरा रूपी उजाला लाया,

अंजलि को भूलकर, उसकी यादों को
भुलाकर,

मैं मेरे लिए तेरे साथ और तेरे पास
आया,

वादा करिए मिहिरा,

कि साथ ना छोड़ेंगी मेरा, और बनेंगी
मेरी छाया, बनेंगी ना मेरी छाया।

मिहिरा

पहले,

भीड़ में शांत रहता था मैं, हँसकर भी मन ही मन

रोता था मैं,

महफ़िलों में शामिल होकर भी कटता था मैं, घटता

था मैं, घुटता था मैं

जिस गली, जिस राह नहीं चलना था, उसी गली,

उसी राह पर चलता था मैं,

आँखों को बंद करके जगता था मैं, मर मर कर

जीता था मैं।

अब,

हुई जो तू मेरी मिहिरा, आएँ-जाएँ

हँसता हूँ मैं,

खुद ही खुद में खोता हूँ मैं,

तेरी मुस्कान औ तेरी हसीं, तेरी

कमर के बल औ तेरी पायल की

झनक,

पागल हूँ मैं तेरे लिए,

कुछ भी कर जाऊँ मैं तेरे लिए,

समझ तू खुद को

मेरी सनक।

तू किस्मत है मेरी,

तू हैसियत है मेरी,

तेरे बिना ना जी पाऊँगा मैं मिहिरा,

अब

तू आदत है मेरी।

आने दे कोई भी क़यामत, मुसीबत

या आफत, मिलकर सामना करेंगे,

क्योंकि

तू ताकत है मेरी।

जब पहली बार मिली तेरी मेरी नज़र,

लगा क्या किस्मत है मेरी,

मिहिरा की रौशनी में, रूद्र की चमक बढ़ी, और

बढ़ी हैसियत है मेरी,

तुझको पाना, तेरे साथ रहना,

कोई ख्वाब से कम ना था,

एक हुई तेरी मेरी साँसे जिस पल, कोई अलग कर
दे हमें ऐसा
किसी में दम ना था।

कल

टुटा हुआ दिल था मेरा,

टुटा-फूटा था मैं और

मेरा जीवन,

पर माँ ने कभी नहीं सिखाया कि

किसी और का ना

बन प्यार,

हुक्म कर मिहिरा क्या चाहिए तुझे,

ला दूंगा इस मरुस्थल में सावन,

बनूँगा तेरा प्रेमी,

करूँगा तेरा लाड़-प्यार,

हर दिन प्रतिदिन,

सोमवार से रविवार।

तो क्या हुआ जो मुझे पहले

प्यार ना मिला,

साथ ना मिला,

सरोकार ना मिला,

तूने क्या गलती की है जो मैं
तुझे प्यार ना करूँ या दूँ तुझे
कोई सजा,
होंगे मेरे ही कर्म कुछ नए-
पुराने,
कुछ गलतिया,
कुछ बेवक़ूफ़ियाँ, या
अनसुना शिकवा- गीला,
मेरा कल,
कल है, और
तू मेरा आज है मिहिरा,
अब से तू मेरा सब कुछ है,
तू ही मेरी आस्था, और
तू ही मेरी पूजा।

कल को कभी बीच में ना लाना जान,
कल को आज में मत मिलाना जान,
ज़ख्म है जो
गहरे बड़े है,
कुरेदना मत उन्हें, भले ही कितनी भी

नाराज़ क्यों ना हो,

आगे चलते है,

स्वागत करते है आज का,

इस पल का और

आने वाले कल का, जो

हमारे सामने खड़े है,

एक-दूसरे को समझते है,

प्यार करते है, भले ही कितनी भी

नाराज़ क्यों ना हो।

सवाल

रूद्र,

आप बोले कि अब आप करते हो मुझसे प्यार? पर

क्या करोंगे वो आ गई आपके जीवन में फिर से

एक बार?

मैं नहीं जानती कि क्या होता है प्यार? कभी हुआ

ही नहीं आज से पहले और

ना ही होंगा दूसरी बार?

समझ भी नहीं सकती,

जान भी नहीं सकती कि

क्या होता होंगा वो चमत्कार?

भरोसा तो पूरा है आप पर,

आपके किए हुए वादे पर

ज़रा सा दिल घबराता है और

होता है बीमार।

नहीं पता कि क्या हुआ होंगा

आप दोनों में,

क्यों अलग हुई वो और उसने
आपको छोड़ा
बीच मँझधार?
कैसे आप झेले होंगे अचानक
से जुदाई का दंश,
उसका आपसे और आपका
खुद आपसे
ये तिरस्कार?
इतनी यादें,
इतना वक़्त साथ का,
इतनी वफ़ा और
फिर ये कैसा मिला
आपको पुरुस्कार?
इतना दुःख,
इतना दर्द,
इतना अकेलापन, और
दो सालों तक आपकी तीव्र
पर
दबी-सी चीत्कार।

कैसे नज़रअंदाज़ करूँ कि आप पड़ गए थे कमज़ोर,

पूल पर चढ़े,

खुद को खत्म करने की कोशिश में चलाई

खुद की कलाई पर कटार,

आपने सब कुछ बताया,

लफ्ज़ दर लफ्ज़,

शब्द दर शब्द,

उसके लिए,

उस सच के लिए आपका

बहुत-बहुत आभार,

किन्तु अब ऐसा कुछ बोलिए कि

मैं खुद से ज़्यादा आप पर करूँ भरोसा,

कम करूँ मेरे दिलो-दिमाग का भार,

मांग में सिन्दूर होंगा,

गले में मंगलसूत्र होंगा आपके नाम का,

आजीवन आप ही रहोंगे मेरी

ज़िन्दगी का आधार।

समझ सकता हूँ मैं आपको
मिहिराजी,
सारे सवाल सही है आपके
और कुछ भी
नहीं है निराधार,
प्यार तो मैं करता था अंजलि
से,
पहला प्यार भूलना होता है
बहुत मुश्किल,
ऐसा कहते है प्यार के कुछ
जानकार और
प्रेम के इतिहासकार,
पर ऐसा नहीं होता हर बार,
लौट चूका हूँ उस रास्ते से
बहुत पहले और
भुला चुका हूँ मैं मेरी हार,
मेरा तिरस्कार,
लगा चूका हूँ मेरी नाव कहीं
दूर,
किसी और कछार,

मुझे दीजिए मौका दूसरा,

शायद हूँ मैं उसका हकदार,

जीते जी तो प्यार करूँगा ही,

जलने से पहले खुली रखूँगा

मेरी आँखें आपके लिए और

लूँगा तुझे मेरी

आँखों में उतार,

जीते जी तो प्यार करूँगा ही,

मरने से पहले आपके लिए

जन्म लूँगा

कई सौ हज़ार।

क्या पता?

रुद्र,

आपको क्या लगता है मेरे बारे में,

क्यूँकि मुझे नहीं पता,

    पुण्य या पाप? क्या पता?

    गिरना या उठना? ? क्या पता?

    उजाला या अंधकार? क्या पता?

    सफल या असफल? क्या पता?

    हाँ या ना? क्या पता?

    योग्य या अयोग्य? क्या पता?

    लायक या नालायक? क्या पता?

    सुख या दुख? क्या पता?

मिहि,

    पता है तो केवल इतना कि आप ही हमारा

    "प्यार" है।

    पता है तो केवल इतना कि आप ही हमारा

    "उपकार" है।

पता है तो केवल इतना कि आप ही हमारा
"उपहार" है।

पता है तो केवल इतना कि आप ही हमारी
"हार" है।

पता है तो केवल इतना कि आप ही हमारा
"करार" है।

पता है तो केवल इतना कि आप ही हमारा
"अहंकार" है।

पता है तो केवल इतना कि आप ही हमारा
"आधार" है।

पता है तो केवल इतना कि आप ही हमारा
समस्त "संसार" है।

कलयुग

कैसे कोई कह सकता है प्यार को दिलों का सौदा,

कोई क्यों देखता है प्यार में

फायदा,

सौदा,

फायदा ये शब्द सुनकर लगता है जैसे किसी ने कुछ

बेचा तो किसी ने कुछ

ख़रीदा,

ठीक उसी तरह जैसे बाजार से खरीदा एक पिंजरा

और एक

परिंदा,

ये कैसा सजदा,

ये कैसी इबादत,

ये कैसा कायदा, और कौन है यहाँ

पसंदीदा।

भगवन श्रीकृष्ण, महादेव
शंकर, और श्रीराम की

जन्मभूमि पर समझते है
एक-दूसरे को
अपनी जायदाद,
अपनी संपदा,
लगना तो चाहिए एक जोड़ा
जैसे
शहज़ादी और शहज़ादा,
हमेशा मौजूद एक तड़पता
दिल, और
सहारा देता एक
कंधा,
देखकर आजकल का प्रेम,
लगता है
एक प्यादी या तो एक प्यादा,
एक-दूसरे के साथ दोनों ही
शर्मिंदा,
तेज़ी से बहते जीवन में
इनका प्रेम,
लगता है,
दिखता है, ठंडा,

मंदा और अमावस का
चंदा।

दम तोड़ते हुए प्यार में ये नव-युगल,

एक-दूसरे के हाथों में हाथ होते हुए भी प्रतीत होते

है मरे से

ज़िंदा,

ज़रा सा अलग क्या हुए,

पीठ क्या पलटी कि एक-दूसरे का मज़ाक उड़ाते,

और जी भर के करे एक दूसरे की

निंदा,

सबके सामने 'आय लव यू' बोलकर दिखाते है कि

कितने है ये

संजीदा,

ना सच्चा इरादा,

ना प्यार ज़्यादा,

हमेशा भूलते है अपनी

मर्यादा,

मन नहीं भरता एक से किसीका, इनको चाहिए

हमेशा एक से

ज़्यादा।

कैसे कोई कह सकता है प्यार
को दिलों का सौदा,
कोई क्यों देखता है प्यार में
फायदा,
सौदा,
फायदा ये शब्द सुनकर लगता
है जैसे किसी ने कुछ बेचा तो
किसी ने कुछ
ख़रीदा,
ठीक उसी तरह जैसे बाजार
से खरीदा एक पिंजरा और
एक
परिंदा,
सच्चा प्रेम तो चमत्कार हो
गया है,
बस ज़रा से बचे है निःस्वार्थ
प्यार करनेवाले,
वो कुछ चुनिंदा।

कमी है

लिखने के लिए तो हम भी आपके लिए महाकाव्य लिख दें,
पर आपकी तारीफ के लिए वर्णमाला में अक्षरों की
कमी है,
ढेर सारे तराने तो हम भी सुना दे आपको,
पर आपकी स्तुति के लिए स्वर सात ही है,
और सितार में भी तारों की कमी है,
रंग भर दूँ, रंग-बिरंगा बना दूँ सबकुछ,
पर आपकी बंधेज साड़ी के लिए तो इंद्रधनुष में भी
रंगो की कमी है।

क्या करोंगे इन सब का, ये
तो आपकी ही सृष्टि है,
और आपकी ही जमीं है,
आपके लम्बे, काले, घने गेसू,
जैसे बदरा घनी हैं,
आप सुंदर तन के साथ ही
अति सुंदर मन की धनी है,

फिर भी गर आपको चाहिए
आसमां से चाँदनी,
तो लाकर दे दूँ मैं पर सोच
की चाँद अकेला पड़ जाएँगा
कि
उसके पास चाँदनी भी गिनी-
चुनी है।

करने के लिए सब कुछ कर दूँ,
मेरा ये जीवन तुझपर न्यौछावर कर दूँ,
पर आपकी ज़िन्दगी के लिए एक ज़िन्दगी की कमी
है,
और मुझे पता हैं कि ये ज़िन्दगी तुझे, मेरे साथ
जीनी हैं।

तू ही मेरी

तू ही मेरी मीरा, तू ही मेरी राधा,

तेरे बिना,

मेरा जीवन है आधा,

मैं जो तेरी सुनूँ तो ये जग कहे कि,

हूँ मैं तेरा प्यादा,

क्यूँ ना सुनूँ तेरी और

अनसुना करूँ इस दुनिया को,

जो मैं प्यार करूँ तुझसे बहुत ही ज़्यादा।

तू ही मेरी मीरा, तू ही मेरी
राधा,

तेरे बिना,

मेरा जीवन है आधा,

भा गई थी तू मुझे पहली ही
नज़र में,

वो तेरी भोली सी सूरत और
स्वभाव तेरा सादा,

हो गया मैं फ़िदा, हो गया मैं फ़िदा,

तौबा है तेरी कातिल अदा,

और मुस्कुराती हुई तू सदा,

तेरा प्यार मेरे लिए और

तेरी पुचकार मेरे लिए,

मुझे लगने लगा कि हूँ मैं

किसी देश का शहज़ादा।

आया होंगा तेरे भी मन में लोगों की वजह से,

कि क्या होंगा इस रिश्ते में मेरे फ़ायदा,

ब्यापार तो है नहीं, और

ना ही मैं कोई ब्यापारी, और

ना ही है ये कोई सौदा,

ज़िन्दगी भर तेरा साथ निभाऊँगा और

ये है मेरा वादा,

तू ही मेरी मीरा, तू ही मेरी राधा,

तेरे बिना,

मेरा जीवन है आधा।

प्यार मेरा अपार

सपनों से हकीकत बन जा कि मैं तेरा करूँ
दीदार,

तोड़ दे सारे कानून-कायदे, और ये हमारे बीच की ये
अदृश्य
दीवार,

कब तक खुद पर काबू रखूं, खुद के मन को
समझाऊ
आखिरकार,

इस बेचैनी से, इस बीमारी से मेरे सनम फ़ौरन मुझे
उबार,

तू ही दे सकता है इस बेक़रार दिल को
सुकून औ करार,

खुद को मेरे हवाले कर, ख़ुशी से मान लूँगा
मैं मेरी ही हार।

हूँ मैं सातवें आसमान
पर, मुझे आज नीचे
ना
उतार,
ये अकेलापन, ये
मौसम, ये फ़िज़ा और
ये समां, आता है
कभी-कभार,
मेरे सनम, कब तक
तू मुझे तड़पाएंगी,
आज तू बन जा
उदार,
छू लेने दे तेरे नाज़ुक
होंठों को फिर से
एक बार,
फ़िक्र मत कर, जब
समय आएगा तो मैं
चूका दूंगा सूत समेत
ये तेरा उधार,

उलझने दे तेरे गेसुओं
को, पर मत तोड़ मेरे
दिल के ये
तार।

तू ही मेरी सबकुछ,

तू मेरी इच्छा,

कब से खटखटा रहा हूँ तेरे दिल का

द्वार,

दो दिनों से तेरी राह ताक रहा था और

आज भी बज गए है दोपहर के

चार,

देख,

तेरी बेरुखी,

तेरी मनाई से मेरे चेहरे का बिगड़ रहा है

आकार,

तू इसे मेरी ज़िद समझ या समझ कि हूँ मैं बहुत

बीमार,

पर

हाँ, मैं तुझपर अपनी कामनाओं का नहीं डालना
चाहता कोई भी

भार,

क्योंकि बेशक मैं करता हूँ आपसे बहुत प्यार,
ऐसा प्यार जो है
अपार।

संगीत-संध्या

हम तो बैठे थे,

अँधेरे में,

बीच में,

महफ़िल में,

भीड़ में, वो आए तो अँधेरा

गुमा,

जब वो हमारे करीब से गुज़रे तो मानो हमें उसने

हल्का सा

चूमा,

हम तो पीते भी नहीं है, पर थोड़ी देर के लिए ऐसा

लगा कि ये सारा का सारा अम्बर

घुमा,

जैसे ही वो करीब बैठे हमारे तो ये दिल एक बच्चे

जैसा ख़ुशी के मारे

झूमा।

भीड़ में,
चोरी-छिपे जब उन्होंने हमारा
हाथ थामा तो ये दिल धक् से
थमा,
जलने के लिए तो बिल्कुल थे
हम तैयार, आखिर तो है हम
परवाना और
जल रही थी
शमा,
मेहमानों के स्वागत में बच्चों
और बड़ों ने मिलकर बाँधा
बहुत ही खूबसूरत
समां,
कुछ यार-दोस्त नाचे बहुत
तेज़ तो कुछ यार-दोस्त नाचे
ज़रा
धीमा।

सारी मौसियां, बुआए, काकीयां थी रंग-बिरंगी
परिधानों में, और उनके पति ने पहने थे

कुर्ता-पायजामा,

संगीत-संध्या में मजेदार तो तब लगा जब नाचे

पापा, फूफा, मासा, काका, और साथ में

मामा,

सभी खुश थे,

मस्ती में थे और

माहौल था बहुत खुशनूमा,

हम भी नाचे,

मिहि का नाच तो, हाय, हाय,

हाय रामा, सभीने, बड़ो ने, बुजुर्गो ने,

जवानों ने,

बच्चों ने अपने-अपने अंदाज़ में मचाया बहुत

हंगामा।

हल्दी

सुबह सुबह, दरी डाल उठा ली गयी है
सारी गादी,
होती अगर, तो आज ख़ुशी से बहुत नाचती
मेरी दादी,
बच्चे ही नहीं, सारे बड़े-बूढ़े भी हो रहे है
बहुत उन्मादी,
सभीने पहना है एक तो सफ़ेद या फिर पीला, पर
ना पहना है
तो खादी।

बुआसा, मासीसा,
मामीसा हर कोई बन
रहा है
अवसरवादी,
केवल फुफासा और
मासाजी आज है
निराशावादी,

मैं ध्यान रख रहा हूँ,
मैं ख्याल रख रहा हूँ
खुद का और
बन रहा हूँ आदर्शवादी,
वैसे तो सब ताने कस
रहे है,
रूद्र,
कल से खत्म
होनेवाली है तेरी
आज़ादी।

जीजी संग जीजाजी, भाभी संग भैय्याजी हो रहे है
बहुत विनोदी,
गीत चल रहे है, संगीत चल रहे है, ढोल है, ढोलकी
है, नाचने पर ना है कोई पाबन्दी,
सभी खुश है, नाच रहे है, मज़ा आ रहा है सौ
फ़ीसदी,
और क्यों ना हो आखिर चल रही है मेरी
हल्दी।

तू भी बहुत खुश होंगी
मिहिरा, तेरी भी चल
रही होंगी हल्दी,
बस, कुछ ही दिनों की
बात है, फिर हम दोनों
एक हो जाएँगे
जल्दी,
पता है मुझे कि आज
से कल तक देख ना
पाएंगे एक-दूसरे को
और शुरू होंगी हमारी
त्रासदी,
वैसे तो शादी के
विचार मात्र से जिस्म
में उठने लगी है
अच्छी वाली
गुदगुदी, और
क्यों ना हो आखिर
चल रही है मेरी
हल्दी।

सोलह श्रृंगार

वो पगपान तेरा, पायजेब के साथ,

वो सोने की बंगड़ी व कड़ा, और

नाज़ुक मखमल से तेरे हाथ,

वो तेरे माथे की संखल, और

तेरा मांग-टीका,

वो तेरी नाक की नथ व काँटा,

लगे अब मुझे हर कोई फीका-फीका।

प्यारे से पैर-फूल व चांदी की बिछिया

तेरे पैर में,

देख तेरे सिर पर सुंदर सा झेला-

झमेला,

सारी छोरियां तेरे बैर में,

वो तेरे गले की आड़ व सोने की

बाजूबंद तेरी बाँहों में,

इठलाती हुई,

इतराती हुई आती तू

मेरी तरफ, और

मैं यहाँ बैठा मेरी ही ठंडी आहों में।

नाज़ुक सा वो कमरबंद व तेरी कमर में लटका हुआ

फूंदा,

मेरी साँसे तो थम सी गई,

जो देखा तेरे गेसुओं की छाँव में आराम फरमाता

हुआ कुंदा,

चिढ़ाती हुई तेरी कान की बाली व

तेरे गले की मटरमाला,

रंग-बिरंगे तेरे घागरे-चोली ने मेरा

हाल बुरा कर डाला।

तेरे वो घने काली घटा से गेसू मुझे

सुला रहे है,

हाथों में रची वो मेहंदी व तेरी चाँद-

बालियाँ ना जाने मुझे क्यों बुला रहे

है,

तेरे चेहरे की चमक, तेरी आँखों के

इशारे क्यों मुझे झूला रहे है,

पता है मुझे कि ये सोलह-श्रृंगार है
तेरा,
अंगूठी पहनाकर कर दिया है तेरे
नाम मैंने सबकुछ मेरा,
फिर भी सब मुझसे तेरा नाम क्यों
उगलवा रहे हैं।

सुस्वागतम

स्वागत है आपका हमारे इस छोटे से घर में,

बेसब्री से आपकी राह देख रहा था ये घर,

आ जाओ मिहिरा,

कलश को गिरा,

चावल को फैला,

छु अभी रसोई में रखे घी और

शक्कर,

पता है मुझे, पता है हमें,

तू आई है खूब रोकर,

तू आई है सबको छोड़कर,

तू भी बेटी है इस घर की,

हिलमिल जा सबसे, और

बातें कर खुलकर।

कुछ दिन तुझे अलग लगेगा,
नया लगेगा और सब रहेंगे
तुझे घेरकर,

घबराना मत,

सबकी सुनना, और

लगे तो जवाब देना

सोच-समझ कर,

नए माहौल में,

नए लोगो के साथ, निभाना

मुश्किल

होता है अक्सर,

भूलना मत,

मैं हूँ यहाँ,

मैं हूँ तेरे साथ, और

मैं धन्य हूँ तुझे पाकर।

तू सुंदरता का है खजाना, और

तुझमें है

ढेर सारा प्यार,

तू है बड़ी सादी, और

तुझमें भरे-पड़े है

अच्छे संस्कार,

किसी से जीतने के पीछे मत पड़ना,

घर पर विजय हासिल
होती है हारकर,
मन जीत लेना इस घर के सभी लोगों का अपना
शीश झुकाकर।

बिल्कुल ना समझ कि मैं कह
रहा हूँ तु जी इस घर में
मन मारकर,
मैं कह रहा हूँ कि अपने प्यार
का असर छोड़, और
सभीको रख बांधकर,
थक जाए तू कभी चलते-
चलते,
घर सँभालते-सँभालते,
तो थकान मिटा अपनी
आराम से सोकर,
हँस,
खेल,
बोल,
कूद, और

मचा मस्ती,

ना रह इस घर में कतई भी

डरकर।

सुस्वागतम, सुस्वागतम,

पधारो मिहिराजी

हमारे

घर।

तू डोरी मैं पतंग

चल, उड़ चले, बन के तू डोरी, मैं पतंग,

कही दूर आसमान में हो जाए मलंग,

हसेंगे, खेलेंगे, और मचाएंगे ढेर सारा हुड़दंग,

मस्त जिएंगे पंछी और पवन के संग।

कोई भी ना करेंगा हम दोनों
को तंग,
ना हमारा प्यार होंगा किसी
की भी वजह से
भंग,
सात सुरों के साथ बजेंगे
मृदंग,
इंद्रधनुष से ले लेंगे सातों
रंग।

नयी सी दुनिया, नया सबकुछ और
नयी हमारी उमंग,

धीरे-धीरे सीख लेंगे इस नए जग के तौर-तरीके और
ढंग,
कभी-कभी धरा पर उतरने के लिए बना लेंगे एक
ख़ुफ़िया सुरंग,
क्यों, हो गयी ना मेरे ख्याल
सुन कर तो दंग।

क्या करूँ मिहि, जी जलता है
मेरा जब कोई और देखता है
तेरा रूप-रंग,
तेरा सोने सा बदन, और
साड़ी तेरी जैसे जलरंग,
कब तक निगाहों से लड़ूँ इन
सब से बन के दबंग, इसी
वजह से
चल, उड़ चले, बन के तू
डोरी, मैं पतंग।

मिलन

घूंघट से झंका हुआ आपका चेहरा,

बड़ी मुश्किल से दिख रहा था,

ये सही वक़्त है उस परदे को

उठाने के लिए,

झुकी-सी नज़र,

जो देखने हमें ऊपर उठी, हमें देखकर फिर से झुकी,

नया हथियार मिल गया है आपको अब हमें

तड़पाने के लिए,

आँखें क्या कम थी आपकी जो

ईश्वर ने अदाएँ भी दे दी आपको हमें

मारने के लिए,

बिन माँगें सब कुछ दे ही तो दिया था आपको,

क्या ही बचा है अब हमारे पास

हारने के लिए।

बहुत दिनों से देख रहे थे,

सोच रहे थे कि कब मिलेंगा

मौका मुझे,

ये आपकी लंबी-काली-घनी

ज़ुल्फ़ें

उलझाने के लिए,

मेरे हाथों से रेत सी फिसलती

आपकी ज़ुल्फ़ें,

गुलाब सा महकता आपका

अक्स,

लगता नहीं आपको कि छोटी

सी रात है ये आपको

सताने के लिए,

कुछ करिये,

उस चाँद को रोकिये,

गुज़रते पलों को पकड़िए,

अरे,

आँखे बड़ी मत करिए

हमें धमकाने के लिए,

हमें डराने के लिए,

अब शर्म से आँखें मत
झुकाइए,
आँखों ही आँखों में मत
मुस्कुराईये,
ये रात नहीं है एक-दूसरे से
शरमाने के लिए।

देखिए इधर,
मुस्कुराईये अब,
मत करिए कानों के पीछे
वो बालों की गिरती
लट,
रहने दीजिए चेहरे पर
लटकने के लिए,
पल बीता पहरों जैसा,
लबों की वो लाली, और
आपकी आँखों का काजल,
घूंघट जब पूरा हटा तो हमारे होश
उड़ाने के लिए,
लग जाओ गले मिहिरा,

हौले- हौले साँसें लीजिए,
आपकी एक ही साँस काफी है हमारे दिल की
धड़कन के लिए,
बारिश की नरम बूँदों जैसी आप,
धीमे-धीमे गिर रही हो इस ज़मी पर,
तरसा रही हो पर मुझे मेरा ही प्यार
जताने के लिए।

दिल धड़क रहा है बहुत ज़ोरों
से मेरा,
कोशिश कर रहा है आपको
कुछ राज़
सुनाने के लिए,
सुनिए, शायद कर रहा है
इज़हार,
धन्यवाद दे रहा हैं आपको
हमें
अपनाने के लिए,
हमारे जीवन में
आने के लिए,

इंतज़ार करना पड़ा उसे
इतना,
कितनी सुंदर है आप,
कितनी सुंदर है आपकी
पलकें,
ये सब बताने के लिए,
आ जा,
मेरी बाँहों में आ मिहि,
ये वक़्त है अब दो जिस्म
और एक जान हो
जाने के लिए, एक- दूसरे में
समाने के लिए।

सिलवटें

रूठना, मनाना, और
फिर हमारा आपको अपनी
तर्जनी से सहलाना,
उस एहसास से आपका सिहर जाना,
नज़रें चुराकर आपका शर्माना,
खुद से झूठ बोलकर,
मुझको,
अपनी नज़रों से
आपका गुर्राना,
हालात कही हाथ से ना निकल जाएँ तो
वो आपका घड़ी
भर में मान जाना।

हमारे लबों का आपके
लबों से लगना,
कुछ देर हमारा एक-
दूसरे के

साथ खेलना,
उस पल,
उस लम्हें में
ना एक-दूसरों को
छोड़ना
और
ना ही एक-दूसरे से
छुड़वाना,
बिस्तर की सिलवटें
और
एक तरफ गिरी हुई
चादर,
हमारा हाँफना और
आपका थकना,
सबूत है कि
हमेशा की ही तरह
हर बार
हमारा आपसे
हारकर भी जीत
जाना।

पर वो छोटी-सी रातें और

चंद लम्हों से दिन,

वक़्त से अब कैसे जीतना और

क्या ही हारना,

समय थम जाएँ,

घड़ी रूक जाएँ,

बस यही दिल की इच्छा और

मनोकामना,

एक-दूसरे को

एक-दूसरे में कैद करने के लिए

एक-दूसरे के

चेहरे को ताकना,

कुछ देर के लिए ही सही,

वक़्त को बांधना, और

रेत से फिसलते पलों को थामना।

हफ़्तों के बाद
मुलाकात होना,
फिर से आपका रूठना,
और

मेरा आपको मनाना,
फिर से मेरा
आपको सहलाना,
आपका सिहर जाना,
शर्माना, और
आपका गुर्राना,
आपका मानना,
हमारा आपकी अदाओं
को देखकर
मदहोश हो जाना,
वो बिस्तर की सिलवटें
और
एक तरफ गिरी हुई
चादर,
उलझे हुए आपके केश
और
अब आपका आँखों से
हमें
कुछ समझाना,

समझ आ जाएँ पर
हमारा नासमझ बन
जाना,
आपका बिस्तर से
उठना,
वो गेसुओं को
झटकना,
पलों का बीतना, और
हमारा खुद को
मनाना,
कि बस आज, बस
इतना।

आरंभ

रूद्र,

कहता है दिल, रास्ता मुश्किल,

मालूम नहीं कहाँ है मंज़िल,

बिल्कुल मिहि, रास्ता है मुश्किल, बल्कि

रास्ता है ये जटिल,

पर मैं तेरे साथ हूँ, और

साथ है तेरा पूरा ये परिवार,

तू है चीतल,

तू बस दौड़, तू बस चल,

मेहनत कर,

सच्चे दिल से कर,

पूरी ताकत लगा, और

हर रोड़े को दे तू कुचल।

आग में तप, पानी में गल,

पवन से कर गल, अपने

इरादों में हो सफल,

वक़्त के हिसाब से ढल,

ज़ंजीर नहीं है तेरे पैरों में ये
पायल,

पूरा कर अपना सपना,

दिखा दे दुनिया को तू अपना
कौशल,

होंगे और भी इस दुनिया में
लोहा, सोना पर

तू है पीतल, तू छु ले बादल।

ये राह नहीं होंगी समतल,

रहेंगी यहाँ ढेर सारी कलकल, और

तू शायद जाएँगी फिसल,

हार भी गई अगर पहली बार में,

हिम्मत मत हारना,

मैं खड़ा हूँ तेरी ही बगल,

जानता हूँ कि तू है शीतल,

तू हैं मेरी ग़ज़ल,

मेरी मिहि

तू मेरी चादर मखमल,

पर तू आगे बढ़,
तरक्की कर,
नाम ऊँचा कर, नाम रोशन कर,
फिक्र मत कर गर होंगी घर में
थोड़ी-सी उथल-पुथल।

सौदे में रहना पड़ता है थोड़ा
सा चतुर औ चपल,
साथ में ज़रा सा पागल,
तैयार हो, हमेशा तैयार रह,
नया रास्ता है और
होंगे ढेर सारे दंगल,
अभी तो तूने बीज डाला है,
रुक ज़रा,
आएँगी लहलहाती फसल,
तेरी सारे मेहनत रंग लाएँगी
और
सब कुछ होंगा
कुशल-मंगल।

मैं नहीं चाहता

बेहद हसीन लगता है मुझे तेरा रोता हुआ चेहरा,

पर मैं तुझे कभी भी रुलाना नहीं चाहता,

राह देखता हूँ तेरी,

अकेला रहता हूँ तेरे बिना, पर

मेरे इस अकेलेपन में मैं तुझे

बुलाना नहीं चाहता,

हैं खूबसूरत और भी छोरियाँ इस जहाँ में, पर

मैं तेरे अलावा किसी और से मन

लगाना नहीं चाहता,

बहुत अरसे बाद मिली है इतनी फुरसत,

जानता हूँ कि तेरी आँखों में नींद हैं पर

आज की रात मैं तूझे

सुलाना नहीं चाहता।

आज खामोश कर दे मुझे,

अपने अधरों को मेरे अधरों पर रख,

कि

आज मैं सुनना या

बोलना नहीं चाहता,

आ, मेरे पास आ,

मेरे साथ रह, एक ही चादर काफी है

हम दोनों के लिए कि

दूसरी चादर में

मोड़ना नहीं चाहता,

ये मेरी बाईं बाजु तेरी,

ये मेरा दिल तेरा, और

ये सीना तेरा, पल भर के लिए भी

मत पलटना कि

आज मैं तुझे बिलकुल भी

छोड़ना नहीं चाहता,

मेरे नसीब का भी क्या कहना,

ऐसा सब कहते है, पर

मैं तुझे तकदीर से

जोड़ना नहीं चाहता,

भाग्य के भरोसे कमजोर रहा करते है, और

तुझे पाकर मैं अपने कर्मों की कड़ी को

तोड़ना नहीं चाहता,

प्यार को लोग शीरीं-फरहाद, लैला-मजनूँ, हीर-राँझा,

रोमियो-जूलिएट से जोड़ते है, पर

मैं अपने इस पवित्र रिश्तें को

किसी और के साथ

तोलना नहीं चाहता,

हर रोज़ तेरा चेहरा देखकर नींद से जागूँगा,

वादा कर

कभी मुझसे अलग ना होना कि

बिना तुझे देखे, सबेरे मैं अपनी आँखें

खोलना नहीं चाहता।

तन्हाई

मेरी कई रातें अकेली, तेरी भी होंगी बीती,

झटके से उठूँ नींद से मैं उन रातों में, तू भी होंगी

उठी,

याद करूँ तुझे हर पल,

हर लम्हा,

तू भी उतनी ही होंगी तरसी,

चाहूँ तू रहे मेरे पास और मैं तेरे पास,

तू भी उतनी ही होंगी तड़पी।

हमेशा,

हर रात,

मेरे अकेलेपन में मेरे कानों में

बस तेरी पायल छन-छन

बजती,

तू थिरकती,

तू चलती,

तुझे करीब ना पाकर मेरी
छाती जलती,
गरज़ने की ज़रा सी आवाज़
से तू डरती,
मेरे हाथों से तू अपने कानों
को ढकती,
आँखों से पूछती 'बंद हुई क्या
गड़गड़ाहट की आवाज़',
जब पूछती
तब कितनी प्यारी लगती,
इतना बड़ा बिस्तर,
चार-पांच तकिये,
फिर भी अपना सिर मुझपर
रखती,
सबेरे-सबेरे बड़ी सी मुस्कराहट
के साथ
पारिजात की कली जैसी
खिलती,
घर भर में तितली जैसी
उड़ती,

कभी इधर उछलती तो
कभी उधर उछलती,
फूलों से महकती,
मेरी बाहों में झूलती,
छूटती,
पकड़ती,
जुड़ती,
टूटती,
मेरे दिल में उतरती।

मेरी कई रातें अकेली, तेरी भी होंगी बीती,
झटके से उठूँ नींद से मैं उन रातों में, तू भी होंगी
उठी,
याद करूँ तुझे हर पल, हर लम्हा,
तू भी उतनी ही होंगी करती,
चाहूँ तू रहे मेरे पास और मैं तेरे पास,
तू भी उतनी ही होंगी चाहती।

हर पल, हर वक़्त,
दिन गिनूँ कि कब आऊँगा
तेरे नज़दीक फिर से, तू भी
होंगी गिनती,
जैसे-तैसे-कैसे काटूँ समय यहाँ
तेरे बिना, तू भी होंगी
काटती,
सोकर भी जागूँ अकेले,
तन्हा-तन्हा,
तू भी होंगी जागती,
बदलूँ करवट हर लम्हा तेरे
बगैर, तू भी होंगी बदलती,
खुली आँखों से बुनूँ ढेर सारे
सपने, तू भी होंगी बुनती,
मनाऊँ खुद को कि होगा
अपना मिलाप, तू भी होंगी
मनाती,
लड़ूँ ईश्वर से रोज़ाना,
पूँछु क्यों,
तू भी होंगी पूछती,

समझाऊँ स्वयं को कि होंगा
ये इंतज़ार खत्म, तू भी ज़रूर
होंगी समझती।

मेरी कई रातें अकेली, तेरी भी होंगी बीती,
झटके से उठूँ नींद से मैं उन रातों में, तू भी होंगी
उठी,
याद करूँ तुझे हर पल,
हर लम्हा,
तू भी उतनी ही होंगी तरसी,
चाहूँ तू रहे मेरे पास और मैं तेरे पास,
तू भी उतनी ही होंगी तड़पी।

यादें

वो तेरे सुर्ख लाल होंठों के साथ,

वो तेरी शर्म से झुकी आँखें, और

बदन से लिपटी साड़ी बांधनी,

देखकर तुझे हम इतने खुश हुए कि

दे बैठे अपना इकलौता दिल और

बन गए कर्ण से भी बड़े दानी,

मिला कुछ अकेला समय हमें, ता-उम्र याद रहेंगी ये

मुलाकात जो थी

बड़ी सुहावनी,

कुछ पल ऐसे थे जैसे कि अँधेरे में उजाला और

एक प्यासे को

मिला पानी।

बीतें कई दिन अकेले तेरे

इंतज़ार में, और

थी सारी रातें बड़ी

तूफानी,

मेरा ये शरीर ही नहीं,
मेरी आत्मा भी हो गई तेरी
दीवानी,
तू भी तड़पी होंगी,
तू भी तरसी होंगी,
होती ही है ये पागल जवानी,
बाद में खूब मुस्करायेंगे
जब बताएँगे
एक-दूसरे के हालात और
ये नई-नवेली प्रेम कहानी।

वो तेरा एहसास,
वो तेरी छुअन,
उसपर मेरी तड़प, मेरी लालच और
तेरी आना-कानी,
तड़पता हुआ मैं, तड़पती हुई तू,
तरसता हुआ मैं, तरसती हुई तू और
फिर तेरी मेरी ये ज़ालिम जवानी,
जान,
मत सँवार,
मत संभाल,

सरकने दे तेरा दुपट्टा,
बिखरने दे तेरे केश,
क्यों
आखिर क्यों,
कुछ ना करने की है
तूने ठानी,
मिलने दे तेरी-मेरी साँसों को,
एक होने दे तेरे-मेरे एहसासों को,
चल आज कर लेते है
ये मनमानी।

दूर बिठा दिया,
कर दिया खुद से अलग मुझे,
कैसे है ये तेरी
ज़िद घनी,
अब तू ही बता,
ये तेरी गोल-गोल पपनी,
तेरे होंठ जैसे चाशनी,
तेरी चाल जैसे मोरनी,
कैसे ये दूरियाँ सहनी,

ये मस्त बहती हवा,

ये रजनी और

ये बढ़िया-सा समां,

तू लगे मुझे बहुत ही सुंदर,

दिन दूनी

रात चौगुनी,

गलती किसकी है ये नहीं

पता,

पर दोषी तो सब है,

वो चाँद,

वो रौशनी और

मेरे ठीक सामने बैठी हुई

चाँदनी।

पगली

कहाँ मैं खुद को पागल समझता था पर तू भी कुछ
कम ना निकली,

सँभाला मुझे, सँभाला इस घर को, और पार कर ली
तूने ये संकरी गली,

तेरे वादे, तेरी कस्मे, तेरे रिश्ते, तेरे नातें, नहीं है
कुछ भी नकली,

विश्वास नहीं था, भरोसा उठ चूका था पर तू है
ख़ालिस,

तू है असली।

मुझसे जुड़ी, मुझको स्वीकार
किया, सबको अपना बनाया,
और सबसे घुली-मिली,
अपनी जिद को, अपने सपने
को पूरा करने
अकेले ही चली,

मैं जब नहीं था तेरे पास, ना
जाने तूने क्या-क्या
मुसीबतें झेली,
शुक्रगुज़ार हूँ तेरा मैं, और
मेरा परिवार कि एक बार भी
तू ना पड़ी ढीली।

बचपन से ही क्या, या तू मुझसे मिलने के बाद हुई
पगली,
महीनों हो गए, अरसे बीत गए पर
तु ना एक पल बदली,
आज भी बहुत भाता है तेरा मुखड़ा जब तेरी आँखें
होती है गीली,
तेरे होने से, मैं मुस्कुराऊँ, मैं हँसने लग जाऊँ जब
तू
रहती है खिली।

तू जब रहे घर में, तू लगे हर
दिन मुझे जैसे
दिवाली और होली,

रंगों के जैसे तू रंग-बिरंगी,

एक मेरे आँगन का दिया और

तू एक

उजली,

तू ही मेरी मिठाई,

तू ही मेरी रसीली रसमलाई,

तू ही मेरा रसगुल्ला, तू ही

मेरा गुलाबजामुन, और

तू ही मेरी काजू-कतली,

तू ही मेरी दुनियाँ,

तू ही मेरी बगियाँ,

तू ही मेरा गुलाब और

तू ही मेरी तितली।

आ जा, आराम कर ले,

साथ रह ले,

पास रह ले, कि

ये रात है और

ये एहसास है बहुत ही

मखमली,

रख तेरा सिर मेरे सीने पर,

जकड़ ले मुझे, पकड़ ले मुझे कि कड़की है
जोरों की बिजली,

कहाँ मैं खुद को बेक़रार समझता था पर तू भी कुछ
कम ना निकली,

जैसे में मैं तेरे साथ रहने के लिए तड़पता हूँ,

तू भी तड़पती है जैसे

बिन जल मछली।

दिवाली

एक अरसे का इंतज़ार खत्म हुआ,

निकले जाले और

साफ़ हुआ घर, शुरू हुआ पकना

चिवड़ा, बर्फी व

चकली,

नए कपडे,

नए पहनावे,

नयी साड़ियां, ढेर सारी खरीददारी और

मेहमानों के लिए खरीदी

काजू-कतली,

रौशनी की झालर और

जगमगाते कंदील से कर दी है काली स्याह सी रात

तूने उजली,

दीयों की कतार,

दुल्हन की तरह सजा पूरा का पूरा घर-बार,

सबके स्वागत में राह देखती दहलीज़ की

रंगोली,

ये है दिवाली,
प्रभु श्री राम की दिवाली,
तेरी-मेरी, मेरी-तेरी दिवाली,
हम सबकी दिवाली,
धूम-धाम से मनाओ दिवाली।

आज प्रसाद में बना है मूंग
दाल का हलवा, एवं लापसी,
और
उसमें है घी असली,
शाम में लक्ष्मी-पूजन होगा,
होगा जोरों का शंखनाद, और
बजेंगा बाजा, बजेंगी छोटी-सी
डफली,
पूजा-आरती में होंगी मंजिरा,
साथ में घंटी, और सुर-ताल
के
साथ हाथों से ताली,
सज गया है घर का मंदिर,
आ गया है लाही-बताशा,

तैयार है कपूर के साथ

आरती की थाली,

ये है दिवाली,

प्रभु श्री राम की दिवाली,

तेरी-मेरी, मेरी-तेरी दिवाली,

हम सबकी दिवाली,

धूम-धाम से मनाओ दिवाली।

थकी है बहुत मिहि,

सीख रही है,

समझा रही है,

क्यूंकि नए घर में ये दिवाली है उसकी

पहली,

सबेरे से काम में लगी पड़ी है,

पता नहीं क्यों ज़रा सा भी आराम नहीं करती है ये

पगली,

सोच में ही था कि पुकारा माँ ने मिहि को,

बेटा,

तू अब तक तैयार नहीं हुई, क्यों अब तक तूने

अपने साड़ी नहीं

बदली?

बोली मिहि,

आप मुझे कह रही है पर खुद को देखिये, और

मैं आपको रसोई घर में कैसे छोड़ देती

अकेली?

ये है दिवाली,

प्रभु श्री राम की दिवाली,

तेरी-मेरी, मेरी-तेरी दिवाली,

हम सबकी दिवाली,

धूम-धाम से मनाओ दिवाली।

ज़रा-से इंतज़ार के बाद,

कमरे से बाहर आई मेरी

मिहि,

पूरी तरह से सुसज्ज,

पूरी तरह से तैयार,

पहनकर लाल-हरा

घाघरा औ चोली,

नज़रे उठी,

नज़रों से नज़रे मिली,

गाल गुलाबी,

निगाहें शराबी,

शाम के डूबते सूरज जैसे

होंठों पे उसकी

लाली,

मेरी रंग-बिरंगी तितली,

मेरी साँवली,

मेरी छोटी-सी बावली,

लगे और भी सुंदर जब से

देखा था बार

पिछली,

मैं बस डूब जाऊँ उसमे वो

ऐसी अनसुलझी

पहेली,

खो जाऊँ,

भूल जाऊँ, जब देखूँ उसकी

आँखे नशीली,

ये है दिवाली,

प्रभु श्री राम की दिवाली,

तेरी-मेरी,

मेरी-तेरी दिवाली,
हम सबकी दिवाली,
धूम-धाम से मनाओ दिवाली।

जगमगाते, छोटे-छोटे दीपों की लड़ी,
घर के चारों तरफ खड़ी,
आकाशदीप का उजाला, और
मस्त लगे दीपावली,
संपन्न हुआ लक्ष्मी-पूजन, और
सबने लंबी साँस ले ली, पर
मेरी जंगली मिहि, हुई
आतिशबाजी के लिए
उतावली,
अनार, फूलझड़ी, और भी कई तरह-तरह के पटाखे
की रौशनी में वो
बच्चों जैसी उछली,
मिहि मस्त मचली,
मिलें सारे दोस्त,
मिली सारी सहेलियां,
मिले परिवारजन सारे,

शुभ दिवाली

के साथ एकत्र हुई दिवाली में हम

सबकी मंडली,

ऐसी होती है दिवाली,

मेरे प्रभु श्री राम की दिवाली,

तेरी-मेरी, मेरी-तेरी दिवाली,

हम सबकी दिवाली।

संस्कार

पूछा किसी ने,

मिहि,

क्यों तुम पग पड़ती हो? पहनती क्यों हो गले में

सुहाग का काला धागा, अपनी मांग क्यों भरती हो?

हाथों में चूड़ियाँ,

सिर पर पल्लू,

माथे पर बिंदी क्यों धरती हो?

पढ़ी-लिखी हो, होशियार हो, शहर की हो फिर क्यों

गाँव में सास-ससुर के साथ सड़ती हो?

दया आती है मुझे जब देखूँ तुम जैसी अबला को,

तुम क्यों अपने हल के लिए नहीं लड़ती हो?

तुम्हारा पिया,

तुम्हारा साजन तुमसे रहे दूर,

तुम क्यों उसके पास रहने के लिए नहीं झगड़ती

हो?

कैसा है ये तुम्हारा जीवन मिहि,

तू तुमने अपने प्यार के नाम किया,

किस बात से तुम इतना डरती हो?

देखो बाहर की दुनिया और देखो इस जग की

तरक्की,

पैंट-शर्ट-जीन्स पहने लड़कियाँ,

ये सब तुम क्यों नहीं करती हो?

समानता का है ये ज़माना,

कंधे से कंधे मिलाकर चले ये ज़माना,

तुम क्यों पिछली सदी में जीती हो?

मिहि मुस्काई और

बोली,

दीदी,

मैं पग पड़ती हूँ कि मुझे

सुभाशीष मिले,

पहनती हूँ मंगलसूत्र और

भरती हूँ मांग

रूद्र की सुरक्षा के लिए

क्योंकि घर से

बाहर रहते है वो।

हाथों में चूड़ियाँ मेरे ज़िंदा
रहने की दस्तक है,
सिर पर पल्ला और माथे पर
बिंदी से ऊँचा होता मेरा
मस्तक है,
ये मेरी सुरक्षा के लिए है
क्योंकि चिंता होती है मेरी
मेरे रूद्र को।
पढ़ी-लिखी हूँ,
होशियार भी हूँ,
इसलिए रूद्र के माता-पिता
सास-ससुर नहीं, मेरे भी
माता-पिता है वो दो।
शुक्रिया आपका दया दिखाने
के लिए,
पर अबला नहीं मैं,
ब्यापार में,
व्यवहार में,
आचार में,
विचार में,

संस्कार में,
चलिए कर लेते है हाथ दो-दो।
हाँ, वो दूर है और मुझे ये
दूरी मंज़ूर है, क्योंकि
जानती हूँ मैं जैसे तड़पती हूँ
मैं वैसे ही तड़पते है
मेरे लिए वो।
सिर्फ ये जन्म नहीं, मैंने
सातों जन्म किए हैं मेरे पिया
के नाम,
आप क्यों मुझे इतना कम
समझती है?
ये कैसी दुनिया, और
ये कैसी तरक्की दीदी,
जहाँ एक-दूसरे से मुकाबला,
प्यार में गिरावट,
नफरत में इज़ाफ़ा, और
एक औरत दूसरी औरत से
जलती हो?

चूक रही है आप सदियों के
गणित में,
ये धरती है संस्कारों की,
अनंत सदियों से यहाँ पूजे
जाते है साथ में
भगवन राधा-कृष्ण,
भगवन पार्वती-शंकर,
भगवन सिया-राम, और
भगवन लक्ष्मी-नारायण की
जोड़ियों को।

तेरा साया

जब थी सिर पर धुप की तपती तेज़ किरणे, और

जलती थी मेरी काया,

आप पधारे मेरी ज़िन्दगी में, दूर की मेरी परेशानियाँ

औ

मुझपर किया अपना साया,

सुना था काफी लोगों से कि दुःख में तो छोड़ देती

है साथ

खुद की भी छाया,

खैर, बदनसीब है वो लोग, जिनके साथ ऐसा हुआ,

मैं तो खुशनसीब हूँ कि मैं ना केवल सीखा बल्कि

जीवन भी जी पाया।

बिल्कुल,

बहुत कुछ आया, बहुत

कुछ गया,

बहुत कुछ दिया, और

बहुत कुछ लिया,

पर फिर ये तो जीवन
है,
कभी शांत है है तो
कभी
उफनती हुई नदियां है,
पर फिर ये तो जीवन
है,
लाख बुराइयाँ है तो
करोड़ो अच्छाईया है,
कभी दुःखों की
बदरिया है तो
कभी दीपों की लड़ियाँ
है।

आपने शिरकत करके हमारी ज़िंदगी में हमें ज़िन्दगी
का
मतलब समझाया,
हमें साँस लेना सिखाया, और ज़ख्मों को सीना
सिखाया,

आज हम खुद को याद नहीं कर पातें, आईने में
देखकर पूछते है खुद से ही,
अरे कौन है ये मियाँ?
पता है हमें कि आपको भूलने की आदत है, पर
भरोसा रखे,
ये कल की ही बात है, बीती ना है सदियाँ।

गर्व है इस नाते पर,
जिसमे अभी भी है
छोटी-मोटी नोंक-झोंक
और
लड़ाईयां,
कभी ना तोड़ना ये
नाता, याद है ना वो
छोटा-सा तौलिया,
खबर है हमें कि हम
नहीं है आपके पास,
और भी कुछ दिन,
और आपको याद आ
रहा है हमारी मज़बूत

बाँहों का तकिया,
हम भी परेशान है,
अकेले है,
हैरान है,
सुनसान है, पर
माफ़ करे हमें, क्यूँकि
आनेवाले भावी जीवन
को सुखी करने का
ये ही है एकमात्र
जरिया।

केर-सांगरी

हर बार जब घर से निकलता हूँ तो मेरे कदम
पत्थर हो जाते है,

शब्द

ज़ुबान पर आकर मर जाते है, सारे के सारे आँसू
आँखों में ही

दफ़न हो जाते है,

आखिरी में बोले गए लफ्ज़ 'आता हूँ जल्दी ही' मेरे
वचन हो जाते है,

'ख्याल रखना अपना, ठीक से खाना-पीना' ये सब
माँ के

फरमान हो जाते है।

पैसों के लिए मैं बाहर
रहूँ या
माँ के पास रह आराम
फ़रमाऊ,

ऐसे अनगिनत सवाल
मेरे लिए
उलझन हो जाते है,
इतने लम्बे और इतने
बोरियत भरे सफर
इसी दौरान हो जाते
है,
घर तो वो होते है
जहाँ बड़े-बुजुर्ग होते है
वरना घर भी
मकान हो जाते है,
घर से बाहर की
दुनिया में मकान
कमरे हो जाते है, और
बिस्तर मचान हो
जाते है।

वापिस लौटकर कब जा पाऊँगा घर,
वो घर,
वो केर-सांगरी,

मेरे सपन हो जाते है,
ना किसी को आवाज़ देना और
ना ही किसी की राह देखना,
ये बड़ी-बड़ी इमारतों की खिड़कियाँ तो केवल
रोशनदान हो जाते है,
घर से आए हुए संदेश, और बातें माँ-पापा से जैसे
ज़ख़्म पर चन्दन हो जाते है,
दिमाग में चल रहे सारे सोच-विचार मेरे सोने के
लिए
थकान हो जाते है।

कैसे मान लूँ मैं कि
घर से बाहर रहनेवाले
और
मेरे जैसे एक समान
हो जाते है,
घर से दूर रहना, माँ-
पापा से दूर रहना, मेरे
लिए समुद्र में आए
तूफ़ान हो जाते है,

इतनी फिसलन है घर
जाने वाले रास्ते पर
कि चढ़ाव भी
ढलान हो जाते है,
एक दिन, जल्दी ही
माँ, मैं आऊँगा चूरू
लौटकर, ये बोलना
छोड़ दिया है क्योंकि
पता है मुझे कि मेरे
कहे शब्द तेरे दिलो-
दिमाग में बयान हो
जाते है।

तपस्या

जब से तू मिली है, बिना कोई नशा किए मैं रहने
लगा हूँ
नशे में चूर,
हर पल नाचे मेरा मन, जैसे बरखा आने पर नृत्य
करें
वन में मयूर,
पर
तेरे बिना जीवन की कल्पना मानो मेरे लिए बस
कारा
धूर ही धूर,
कुछ ना दिखे, कुछ ना सूझे, और मंज़िल लगे
दूर ही दूर।

रहना नहीं चाहता
तुझसे अलग मैं, पर
हूँ
थोड़ा-सा मजबूर,

केवल तेरा साजन नहीं
हूँ,
हूँ मैं बेटा, पिता और
मेरी नौकरी में मैं हूँ
ज़रा-सा मशहूर,
थोड़ा-सा समझ मुझे,
कुछ वक़्त मुझे और
दे दे,
मेरे हुज़ूर,
जल्द ही आऊंगा तेरे
करीब, रहूँगा तेरे साथ,
और
तुझे प्यार करूँगा
भरपूर।

बेक़रार मैं भी हूँ, इंतज़ार में मैं भी हूँ,
यहाँ मन नहीं लगता मेरा, अकेलापन है
बड़ा ही क्रूर,
अकेले खाओ, अकेले रहो, और
इस काली भयान-वीरान राते में सुनो

स्वर-ए-झींगुर,

बहुत याद आती है तू मिहि,

तेरी आँखें,

तेरा स्पर्श और घर-भर बजती तेरी नूपुर,

सबकुछ दिल में दबाकर,

होंठों को सीलकर, मुस्कुराकर बनता हूँ मैं बहादुर।

कब तक रहेंगा,

कब तक बनेंगा वो

विधि के विधान

लिखनेवाला विधाता

इतना निष्ठुर,

हम दोनों की तड़प

देख कर उसके भी

मन में फूटेंगा

एक दिन दया का

अंकुर,

ईश्वर सुनेगा, हम

दोनों को समझेंगा

और

करेंगा हमारी प्रार्थना
मंज़ूर,
तपस्या चल रही है,
परीक्षा चल रही है,
धीर मत छोड़ना
मिहि,
मिलाप होंगा हमारा
ज़रूर, ज़रूर, ज़रूर।

तहस-नहस

मैं तुझे कभी भी चोट नहीं पहुँचाऊँगा क्योंकि तू

खुद ही है उसके लिए बस,

जब भी चले तू घर-भर में,

मार इधर,

मार उधर खुद का अंगूठा या घुटना,

आता मुझे तुझपर बड़ा तरस,

क्यों ध्यान नहीं देती हो,

घर है ये घर,

इग्लू नहीं होता है घर,

घर होता है चौरस,

दिन के उजाले में भी,

ठोंके तू खुद को हर कोने में,

पता नहीं क्या होगा तेरा जब

होगा तमस,

तू सोना है मेरा, पर
खुद को क्यों समझे तू लोहा,
जो कोना मिले वहाँ जा भिड़े
जैसे है
वो पारस।
लगे तुझे चोट,
दर्द हो तुझे इतना कि आँखों
से निकले आँसू, पर
क्या करूँ मैं बैठु तुझे
देखूं बेबस,
ध्यान कहाँ रहता है तेरा
मिहि,
देखकर चलाकर,
मैं जानता हूँ कि तू करती
नहीं ये
बरबस,
पर कितना टकराती हैं तू
इस घर में,
उस घर में,

हर घर में, नहीं है किसी भी
घर में फर्नीचर इतना
ठसाठस,

चलो,
यहाँ तक फिर भी ठीक है, पर
तुझसे होता नहीं है फिर भी उठाये अपने नाज़ुक
हाथों से वजन किलो
दस।
मेरी जान,
मेरी मिहिरा,
इसे बेवकूफी कहते है,
ये ना है कोई साहस,
सुनती तो हो ही नहीं ज़रा भी मेरा,
बिल्कुल हो जस की तस, अब ना करो
बहस,
ख्याल रखा करो खुद का,
ख्याल रखों कोई भी काम करते वक्त, और
चलो ध्यान से जैसे चले
सारस।

कश

पता नहीं कैसे पड़ गया मैं कमज़ोर और लिया मैंने
सिगरेट का कश,
इतना भी क्या ही हो गया था कि मैं हुआ
इतना ज़्यादा हताश,
ऐसा कौन मेरे सिर पर छाया कि हो गया
मैं इतना निराश,
पता नहीं कैसे पड़ गया मैं कमज़ोर और लिया मैंने
सिगरेट का कश।

चिल्लाया आप पर, रूठा
आपसे, गुस्सा हुआ और
आवाज़ थी
मेरी कर्कश,
शब्द सही नहीं थे और ना ही
उनका मतलब,
संभालकर बोलना चाहिए था
जैसे सँभालते

है हम कलश,

ऐसे कैसे मैं आपके साथ ये

कर सकता हूँ,

जब आप हो इतनी मासूम

और

बेइंतेहा दिलक़श, पर

पता नहीं कैसे पड़ गया मैं

कमज़ोर और लिया मैंने

सिगरेट का कश।

गलती करने के बाद भी ना की मैंने क्षमायाचना की

पेशकश,

बात ना करी आपसे, नज़रें ना मिलाई और रहा मैं

खामोश,

माफ़ी माँगने में आपसे, आई मेरे गले में

खराश,

पता नहीं कैसे पड़ गया मैं कमज़ोर और लिया मैंने

सिगरेट का कश।

आपको मनाना चाहिए था
देकर गुलदस्ता, साथ में
गुलाब और
पलाश,
बुरा किया मैंने, गलत था मैं
और औरों जैसा बन गया मैं
बदमाश,
माफ़ कर दीजिये, अगली बार
नहीं होंगा, जो भी हुआ वो
हुआ
भूलवश,
पता नहीं कैसे पड़ गया मैं
कमज़ोर और लिया मैंने
सिगरेट का कश।

प्यार- तेरा औ मेरा

पत्तियों के रंग से अधिक हरा,

सागर से भी ज़्यादा गहरा,

दरिया से आगे बढ़ता,

बहता,

नदी के किनारों जैसा

जुदाई से भरा-पूरा,

अंबर से ऊँचा,

पहाड़ों में टीलों जैसा उभरा,

बारिश की मासूम बूंदों जैसा खरा,

फूलों जैसा नाज़ुक,

गुलाबी ठंड में धुंद जैसा

चारो ओर पसरा,

ये कैसा प्यार है,

ये कैसा प्यार है तेरा औ मेरा।

तेरी बंधेज ने
मुझे बांधा,
मेरा साजन,
लहरिया में
लहरा,
बची-खुची
कसर पूरी कर
देता है तेरा
रंग-बिरंगा
घाघरा,
बंधेज हो,
लहरिया हो,
या
मेरी प्रीत का
घाघरा,
पहले घूमता-
फिरता रहता
था ये मन
इधर-उधर,

जैसे हो कोई
आवारा,
ये कैसा प्यार
है,
ये कैसा प्यार
है तेरा औ
मेरा।

गर्मी की तपती धुप हो या बरसात के मौसम में फैली
काली बदरा,
एक पल भी बिना तुझे याद किए मेरा वक़्त बिल्कुल
न गुज़रा,
हर समय,
हर लम्हा,
मौजूद नहीं तू पर आँखों के सामने होता है
तेरा चेहरा,
पता नहीं कैसे
मेरे दिल में तू

बिना सुराख किए उतरा,
ये कैसा प्यार है,
ये कैसा प्यार है तेरा औ मेरा।

सोचना नहीं
पड़ता तेरे
लिए,
तेरे लिए
लिखने के लिए
थोड़ा-सा भी
ज़रा,
रुकी कलम
चल पड़े
कागज़ पर,
बस पकड़ने
भर की देर है
और
फिर मैं ना
ठहरा,

ये कैसा प्यार
है,
ये कैसा प्यार
है तेरा औ
मेरा,
ओह मिहिरा,
प्यार ये कैसा
है प्यार,
उजागर करने
से ना तू डरी
और
ना मैं डरा,
ये कैसा प्यार
है,
ये कैसा प्यार
है तेरा औ
मेरा।

माँ या मिहि

कितना प्यार करते हो मुझसे रूद्र? ये था आपका
सवाल,

पूछती क्यों हो ऐसे सवाल, जिसपर हो सकते है
बवाल,

रूद्र,

नहीं, नहीं,

अब तो आप बताओ ही,

जवाब दीजिए जो मैंने पूछा है सवाल,

ठीक है, ठीक है,

तो सुनिए लाडो,

माँ और आप

दोनों से करूँ मैं समान प्यार,

जो बढ़ रहा है हर पल,

हर साल।

अब भौंहें क्यों चढ़
गई आपकी और चेहरे
पर क्यों पड़ा है
अकाल?
नहीं ना रुद्रजी,
सोच रही हूँ आपके
जवाब के बारें में,
करते हो आप भी
कमाल,
अच्छे से समझने के
लिए थोड़ा और
बोलिए, और रखिए
अपने
ख्याल,
अच्छा,
तो सुनिए,
माँ मुझे इस दुनिया
में लाई, और
आप अपनी दुनिया,

अपना सब कुछ

छोड़कर मेरे पास

आई, तो कैसे

करूँ मैं कैसे याद रखूँ

केवल एक ही

काल,

माँ के आँचल में बीते

है कई साल, और

आपने डाला है मेरे

गले में जयमाल।

अब क्या हुआ,

क्यों आपकी आँखों में है आंसू?

पोंछ लीजिए अपने आँसू, ये लीजिए ये रहा रुमाल,

कुछ नहीं रुद्रजी,

बात तो बिल्कुल सही है, और सही कहा आपने,

थोड़ी देर के लिए मैं भूल गयी थी और

उसी क्षणभर की सोच का हो रहा है

मलाल,

मुझे याद है कि आपने कहा था रुद्रजी, कि

एक पुरुष नहीं हो सकता

केवल पति या साजन,

वो हो सकता है, एक अच्छा दोस्त भी और

अपनी माँ का लाल,

मिहि, बहुत बढ़िया,

आओ इधर, और

गले लग जाओ तत्काल।

मैं क्यों काला

पूछा एक दिन माँ से,

माँ,

मिहिरा क्यों इतनी गोरी और मैं

क्यों काला?

नहीं लगता क्या तुझे कि

विधाता से हुआ है कुछ तो गलत या फिर हुआ है

कुछ तो घोटाला?

कि मिहि के वक़्त

लुटा दी उसने अपनी सारी दौलत और

मेरे वक़्त हो गया वो

दिवाला?

उसे सुंदर-सी गाय बनाया और मुझे बनाया

ग्वाला?

देख मेरी तरफ माँ ने

पूछा,

रूद्र,

क्यों कर रहा है ये
मुकाबला?
क्या फरक पड़ रहा है
गर मिहिरा गोरी और
तू काला?
फिर से पूछा,
पर माँ,
तू बता,
मैं क्यों कौवे सा काला
और
मिहिरा क्यों गोरी जैसे
बगुला?
मैं क्यों
गुलाबजामुन और
मिहिरा क्यों
रसगुल्ला?
माँ हँसी और बोली,
रूद्र, तू
नहीं है काला,

गरीबी की ज्वाला में
है तू जला,
तपती धुप में तू चला,
आग में तू तपा,
गरम सांचे में तू ढला,
अभावों में तू पला,
अंगारो में तू दहला,
पर शायद तेरे सवाल
का जवाब है
मेरा
तुझे ढकता हुआ,
तुझपर छाँव करता
हुआ
साड़ी का पल्ला।

मैं चुप,
मैं शांत,
मैं निःशब्द,
मुँह से एक भी शब्द ना
निकला,

माँ भी,

निहारती मुझे,

सिर पर रख हाथ,

अपने सारे आँसुओं को उसने

निगला,

थोड़ी देर तक तो ठीक था,

पर फिर मेरे और उसकी आँखों ने आंसुओं के लावा

उगला,

मैं बना पुतला,

उसका हाथ अभी भी मेरे सिर पर और मैं सोच रहा

था

अपनी गीली आँखों से,

मैंने ये सवाल ही क्यों पूछा

भला?

गुस्सा

आज क्यों गुस्सा है मेरा गुड्डा,

क्यों नाराज़ है और

क्यों खोया उसने अपने

आपा,

पता नहीं किसने फैलाया ये रायता,

या असल में क्या है

ये स्यापा,

ना कोई हलचल,

ना कोई हँसी-मज़ाक,

घर शांत लग रहा है जैसे चल रहा हो

नवतपा,

सोच रहा हूँ कि मैंने कुछ गलत किया या

कुछ बोला सोनल ने,

या दादासा, ने, कि दोषी है माँ या

पापा?

कल से लेकर आज
तक,
सुबह से लेकर अब
तक,
मैंने मेरी सारी हरकते
मापा,
ऐसा कुछ भी नहीं
मिला
जिस वजह से मेरा
प्यारा सा गुड्डा इतना
तपा,
चुप हो गया था घर,
मौन हो गया था ये
छोटा सा संसार,
मुरझा गया बगियाँ
का गुलाब और
चंपा,
बिल्कुल भी ना बोली
मिहि,
नाक पर गुस्सा और

मुझसे बात मर करो

का

छापा।

कोशिश की बहुत बात करने की,

सुबह,

दोपहर, और

हर पल उसका नाम

जपा,

फरक ना पड़ा उसे,

आँखों में भड़कती चिंगारी, और लबों पर उसने

फेविकोल

लीपा,

मिहि, मिहि,

कुछ तो बोल, कुछ तो बता,

अब क्या करे, तू ही कुछ कर मेरे

गणपति बापा,

सारे जतन किए,

सारे यतन किए,

आख़िरकार,

उसे बिना शर्तों का
माफीनामा सौंपा।

आज क्यों गुस्सा है
मेरा गुड्डा,
क्यों नाराज़ है और
क्यों खोया उसने
अपने आपा,
ऐसा कुछ भी नहीं
मिला जिस वजह से
मेरा प्यारा सा गुड्डा
इतना
तपा,
मिहि, मिहि,
कुछ तो बोल,
कुछ तो बता,
अब क्या करे,
तू ही कुछ कर मेरे
गणपति बापा,
थोड़ी-सी रोई,

फिर गले लगी, और
बोली,
पिछली रात क्यों मुझ
पर चिल्लाये,
क्यों मुझे इतना डांटा
और बेफिज़ूल ही
मुझे इतना
झापा?

रौशनी

सुलगता है बहुत मन,
जब हम आपको या आप हमें समझ नहीं पाते,
सँभाल लेते है खुद को
जब आप
हमारे करीब नहीं आते,
जानते है अच्छी तरह से कि
कुछ मज़बूरियाँ इधर भी है और
उधर भी,
पर क्या करें,
पतंगे कभी भी रौशनी से
दूर नहीं जाते।

मान लेते है
इस बेदर्द
दुनियाँ की

रस्मों, रिवाज़ों
औ परंपराओं
को,
अगर वो ना
होती तो आप
हमारे ये दो
लफ्ज़ कभी भी
सुन ना पाते,
पतंगों की ही
तरह हम कभी
भी
बाज़ ना
आएँगे,
जब भी रौशनी
होगी,
हम उसी में
समा जाएँगे।

कभी गम ना करना हमारे जलने का,
हमारे झुलसने का,
वादा किया है कि

आखिरी दम तक साथ

देंगे रौशनी का,

ऐसे ही थोड़ी ना आपको

बीच राह छोड़ आते,

कुछ तो लोग कहेंगे, कुछ तो लोग मचलेंगे, और

फिर सब कुछ भूल जाएँगे,

पर हमें क्या,

हम तो इस बात से खुश रहेंगे कि

अंत में हम आप में और

आप हम में खो जाएँगे,

अग्नि की बाँह में,

रौशनी की चाह में,

हर पल आपकी परवाह में,

और उसी रौशनी में स्वाह हो जाएँगे।

पीहर-१

रूद्र,

मेरे पिया, मुझे जाना है कुछ दिनों के लिए मेरे घर,

मेरे पीहर,

बहुत दिन हो गए है कि देखा नहीं है मम्मी-बाबा

को और

मेरा अपना शहर,

देखा उसे प्यार भरी निगाहों से और पूछा मैंने कि

रह लोंगी मेरे बिगर,

हल्की सी हँसी और मुझपर कूदी, गले लगकर बोली,

नहीं,

पर मुझे जाना तो है मगर।

मम्मी-बाबा से तो

मिलना ही है, और

मिलना है सहेलियों

से, फिर थोड़ा घूमूंगी-

फिरूँगी इधर-उधर,

जाऊँगी पुणे मिलने
नेहा से, पता करुँगी
पिछले सारे महीनो
और बरसो की खबर,
चुगली करुँगी तुम्हारी,
बातें बताउंगी हमारी,
बैठूंगी पैर पसर,
सुनने में और
सुनाने में ना छोड़ूंगी
कदापि कोई भी
कसर।

ससुराल से पीहर दूर है,
पहुँचने में ही लग जाते है
पांच से छः पहर,
चलना पड़ेंगा आपको भी साथ,
कम से कम करना पड़ेंगा एक तरफ का
सफर,
मायरा, मम्मी-बाबा भी खुश होंगे बहुत आपको
देखकर,

ठीक है,

चलो,

चलते है मिहि, मिलते है सभी से और देखते है
आपका नगर।

मेरे पिया, मुझे जाना
है कुछ दिनों के लिए
घर,
मेरे पीहर,
बहुत दिन दो गए है
कि देखा नहीं है
मम्मी-बाबा को और
मेरा अपना शहर,
वैसे कब तक दूर
रहेंगी आप मुझसे,
और कब तक ना
आओंगी
मुझे नज़र,
ना मेरे पिया,

ना जाऊँगी आपसे

कभी भी दूर,

जल्द ही हो जाऊँगी

आपके सामने

हजर।

पीहर- २

गोदावरी के किनारे बसा एक सुंदर-सा शहर,

पहुँच गए हम, मेरे ससुराल और

मिहि के पीहर,

घर पर छा गई ढेर सारी

खुशियों की लहर,

मम्मी, मायरा और मिहि, तीनो रोये,

एक दूसरे को लिपट-लिपट कर,

चाचीजी ने आते से
बरपाया कोई एक
सवाल का कहर,
समझ मैं पाता सवाल,
उसके पहले ही कर
दिया मुझे
एक कमरे के भीतर,

कुछ देर बाद मिहि
आई, और बोली,
ध्यान मत देना
चाचीजी पर,
थोड़ी-सी है वो नागिन
जैसी इसलिए छोड़ा
उसने
ज़रा-सा ज़हर।

पर सवाल क्या था, और क्या चाह रही थी
वो उत्तर,
बोला ना ध्यान मत दो चाचीजी पर और क्या
करोगे तुम ये
सब जानकर,
फिर से पूछा तो हो गई नाराज़ मिहि, और बाहर
चली गई दरवाज़ा
पटककर,
जाने से पहले पूछा मुझे एक सवाल, और
कहा कि कल जवाब देना बहुत ही
सोच-समझकर।

लंबा था सफर,
थका था मैं, सो
सो गया मैं अपना मुँह
ढककर,
खबर थी मुझे कि
गुस्सा है मिहि और
होंगा कल कुछ ना
कुछ
समर,
माहौल बदलने के
लिए आवाज़ लगाई
ज़ोरों से,
चलो मिहि साथ में,
आते है हम दोनों
नहाकर,
ज़रा-सी हँसी होंगी
मिहि गालों ही गालों
में, और

मज़ा आया मुझे उसे
उस रोज़
सताकर।

चिढ़ी हुई है मेरे लुगाई,
बैठी है कुर्सी पर आँखें और भी
बड़ी कर,
एक ही सवाल,
एक ही विचार, और
शोले बरसाती उसकी
कातिल नज़र,
वैसे तो तरस जाएँगे हम दोनों एक-दूसरे को हफ़्तों
के लिए
ना देखकर,
इसलिए आज
चुप रहता हूँ,
सुन लेता हूँ,
सहन कर लेता हूँ और
आज देख लेता हूँ उसे
जी भरकर।

राम

मिहि,

जब आपने ये खुश-खबर सुनाई तो ख़ुशी से उछला

मैं और आई मेरे चेहरे पर

रौनक,

बता मिहि,

कौन आएंगा नया मेहमान,

छोटी-सी बालिका या छोटा-सा

बालक,

अच्छा,

आपको चाहिए सुंदर-सी बालिका पर मैं तो चाहूँ

बदमाश

बालक,

वैसे,

जो भी आएंगा,

हमारा ही रहेंगा, सोचते है सब-कुछ

धनात्मक।

रूद्र,
किसी को नहीं
बतलाना है अभी,
ना माँ कुसुम और ना
ही
माँ कनक,
कुछ सप्ताह और
रुकते है,
ना बताओ किसी को
भी तब
तलक,
किन्तु मिहि,
कैसे छुपाओंगी तुम
अपने चेहरे की इतनी
कांति और
चमक,
माँ है मेरी वो,
लग जाएँगी उसको
इस बात की बहुत ही
आसानी से

भनक।

रूद्र,

मैं चाहती हूँ कि पहले हो सारी जाँच, और सभी

परख,

मुझे नहीं चाहिए कोई भी बात चिंताजनक,

पता है मुझे,

माँ समझ जाएँगी मुझमें और शरीर में आने वाले

सारे

फरक,

वो सब छोड़ो, दिल्ली से आते वक़्त ले आना, पंछी

का पेठा, मथुरा के पेढ़े, और हल्दीराम की

गज़क।

महीने गुजरते गए,
साहिबा ने खाया
मीठा, खट्टा, और ना
जाने कितना
चटक,

सबके समझाने पर भी
नहीं खाया कुछ भी
सेहतमंद या
गुणात्मक,
ऐन समय पर मैं
दिल्ली में गया बुरी
तरह से
लटक,
इधर चूरू में मिहि को
उठी बहुत ज़ोरों की
कसक।

निकला फ़ौरन दिल्ली से,
जब पहुँचा अस्पताल तो मुझे देखकर मिहि की
गीली थी
पलक,
थोड़ा-सा अस्वस्थ था हमारा नन्हा-सा
बालक,
स्वस्थ हुआ जब, नानी-दादी घूम रही थी लेकर
'राम' को, इधर से उधर,

अटक-मटक,

मिहि माँ बन गई और मैं बन गया बाप, ऐसा लगा

मानो कि सबकुछ हुआ

अचानक,

सोच ही रहा था कि 'राम' रोया,

माँ बोली,

भूख लगी है उसको,

चल तू बाहर

सटक।

मुद्रा

एक वर्ष का लगभग हुआ जब 'राम',

मैंने सवाल दागा मिहि के नाम,

हो जाए अब फिर से

दीपक या दीपिका?

गर्दन घूमी मिहि की मेरी ओर,

आँखें और बड़ी हुई और

उसका दिमाग खिसका,

थोड़ी देर रुकी और फिर बोली मिहि,

क्यों रूद्र, क्यों पूछते हो

सवाल ऐसा बेतुका?

हाथों में हाथ लिया,

नज़रों से मिलाई नज़र, और

मैंने मिहि से कहा,

कृपया,

कृपया

मेरे दिल की मल्लिका।

इशारा था या पता
नहीं क्या था,
उसने खुद के गेसुओं
को झटका और
पैरों को पटका,
अब तो आ गया था
मैं चूरू, सो की मिहि
से रोज़ाना
तहेदिल से
याचिका,
फिर एक रात,
'राम' के सो जाने पर
धीमें-धीमें बात करी,
तारीफ़ करी मिहि की
और
उसे जा चिपका,
कुछ ही हफ़्तों में ख़ुश
खबर आई कि
पापा बनेंगे फिर से
दादा, और

मेरे सारे भाई बनेंगे
फिर
से काका।

इस बार मिहि का पेट लग रहा था जैसे मटका,
मुझे लगा कि होता फिर से
लड़का,
विचार बताया मिहि को तो उसको अच्छा ना लगा,
और
मेरा सनम मुझपर
भड़का,
थोड़ी देर मौन रखकर वो बोली,
रूद्र,
सज़ा है तुम्हारी, अब लेकर आओ चाचीजी के यहाँ
से मेरे लिए
दाल-तड़का,
साथ में लाना
गोकुल स्वीट्स से रसमलाई,
आइसक्रीम,
चिवड़ा और

आलू का टिक्का।

पिछली बार की ही
तरह मिहि का चेहरा
इस बार भी
मस्त चमका,
शुरुआत में तकलीफ
हुई उसे बहुत पर बाद
में समझ आ गया
उसे तरीका,
ख़्याल रखा मैंने सभी
का, पर बीच-बीच में
बिगड़ जाता था मिहि
के मुँह का ज़ायका,
राम था छोटा, सो चंद
दिनों के लिए मैंने
खेली माँ और बाप,
दोनों की भूमिका।

वक़्त आने पर दर्द से

कराहती,

चिल्लाती, भर्ती हुई अस्पताल में मेरी

माशूका,

कुछ घंटो में खुद के लघुरूप के साथ बाहर आई

मेरी पत्नी,

मेरे दो बच्चों के माँ,

मेरी प्रेमिका,

छोटू-सी,

मोटू-सी,

मिहि का स्वरुप, मेरे हाथों में थी

हमारी 'मुद्रिका',

बस बैठा ही था उसको लेकर, कि 'मुद्रा' रोई, और

बिना किसी के बोले ही मैं वहाँ से

सटका।

मेरी दुनियाँ

आपसे अलग रहकर, आपसे दूर रहकर

मेरा एक-एक पल मानो सदियाँ हैं,

आपके करीब रहो तो ये सारे एक-एक पल

तेजी से बहती हुई नदियाँ हैं,

आपकी पायल की खनक, लबों पे लाली,

मुखड़े पे मुस्कराहट, जैसे

मेरी एक प्यारी-सी दुनियाँ है,

अगर ना देख पाए हम आपकी आँखों में खुद को,

तो

ये जीवन मँझदार में फँसी हुई नैय्या है।

आपकी आँखों की कजरे की

धार, और उसकी गहराइयाँ

जैसे

एक अनंत दरिया है,

आपके बदन की महक औ

आपके गेसुओं की खुशबू

मेरी सुंदर-सी बगियाँ हैं,

कभी भी मुझसे नाराज़ होकर

चुप ना बैठना,

तू उसी बगियाँ की चूँ-चूँ करने

वाली मेरी चिड़िया हैं,

कूदती,

फांदती,

हँसती,

मुस्कुराती,

इठलाती,

इतराती मेरी छोटी-सी गुड़ियाँ

है।

मस्ती करती, नाचती, बिखरती-बिखारती,

तू मजे से भरी हुई पुड़िया है,

आपकी बातों में मिठास, सबको अपना बनाती,

ऐसी मेरी रस से भरी गुझियाँ है,

माफ़ करना गर कभी तेरा इशारा ना समझें, पर

क्या करें

तू बहुत ही ख़ुफ़िया है,

इंतज़ार करूँ, इंतज़ार करता रहूँ मैं तेरा,
मेरे पास उतनी घड़ियाँ हैं।

प्रार्थना करूँ, प्रेम पसारु इस
जग में,
ईश्वर तक पहुंचने का तू एक
जरिया है,
सभी अच्छे है, भले है, प्यारे
है,
ये तेरा लोगों को देखने का
नज़रिया है,
मन की सादी तू, बिना छल-
कपट,
विश्वास की तू भरी हुई
डिबिया है,
मेरे मन की, मेरे दिल की,
तू मेरे जीवन की मुखियाँ हैं।

आपसे अलग रहकर, आपसे दूर रहकर

मेरा एक-एक पल मानो सदियाँ हैं,

आपके करीब रहो तो ये सारे एक-एक पल

तेजी से बहती हुई नदियाँ हैं,

आपकी पायल की खनक, लबों पे लाली,

मुखड़े पे मुस्कराहट, जैसे

मेरी एक प्यारी-सी दुनियाँ है,

तुझे ज़रुरत नहीं है ढेर सारों साजों-श्रृंगार की,

तेरी सादगी ही बहुत बढ़ियाँ है।